该研究成果作者系"河北农业大学社会主义核心价值观实践教育创新研究中心"成员。该研究成果《政治经济学视角下新时代美好生活研究》为"河北省高等学校人文社会科学重点研究基地"经费资助。

·政治与哲学书系·

政治经济学视角下新时代美好生活研究

杨建国 | 著

光明日报出版社

图书在版编目（CIP）数据

政治经济学视角下新时代美好生活研究 / 杨建国著. --北京：光明日报出版社，2023.5
ISBN 978－7－5194－7218－4

Ⅰ.①政… Ⅱ.①杨… Ⅲ.①人民生活—研究—中国 Ⅳ.①D669.3

中国国家版本馆 CIP 数据核字（2023）第 086374 号

政治经济学视角下新时代美好生活研究
ZHENGZHI JINGJIXUE SHIJIAOXIA XINSHIDAI MEIHAO SHENGHUO YANJIU

著　　者：杨建国	
责任编辑：李壬杰	责任校对：张慧芳
封面设计：中联华文	责任印制：曹　净

出版发行：光明日报出版社
地　　址：北京市西城区永安路 106 号，100050
电　　话：010－63169890（咨询），010－63131930（邮购）
传　　真：010－63131930
网　　址：http://book.gmw.cn
E - mail：gmrbcbs@gmw.cn
法律顾问：北京市兰台律师事务所龚柳方律师

印　　刷：三河市华东印刷有限公司
装　　订：三河市华东印刷有限公司

本书如有破损、缺页、装订错误，请与本社联系调换，电话：010-63131930

开　　本：170mm×240mm
字　　数：128 千字　　　　　　　　印　张：12
版　　次：2023 年 5 月第 1 版　　　印　次：2023 年 5 月第 1 次印刷
书　　号：ISBN 978－7－5194－7218－4
定　　价：85.00 元

版权所有　　翻印必究

内容介绍

人的需要的满足和需要的合理是美好生活辩证统一的两个方面。虽然需要合理既抽象又具体，但其基本的、共性的方面是存在的，特别是又具有着显著的中国特色。新时代人民群众美好生活的实质就是通过满足人民群众美好生活合理性需要与引领人民群众美好生活需要合理之间的有机互动，激发活力、凝聚人心，熔铸推进中华民族伟大复兴的磅礴伟力，扎实推动全体人民的共同富裕，增进人民群众的获得感、幸福感、安全感。这就要求全面满足人民美好生活的合理需要，强化引领人民美好生活的合理，准确构建人民美好生活合理需要动态指标体系，并转换成具体的行动纲领、工作目标，作为经济、政治、文化、社会、生态各项发展的参照标准，推动经济社会全面发展与人的自由全面发展。

序　言

向往美好生活，是人类社会的普遍追求。纵观人类发展的历史，无论是东方还是西方，美好生活的向往和追求一直都是推动人类不断改造客观世界与主观世界的不竭动力。正如习近平总书记所指出的，"古往今来，过上幸福美好生活始终是人类孜孜以求的梦想"。[①] 在人类社会的发展史上，无论是我国春秋战国时期的诸子百家，还是古希腊的苏格拉底、柏拉图和亚里士多德，众多中外学者都曾对美好生活做过大量论述及探索。正是因为广大人民对美好生活的愿景向往与人民生活现状之间的矛盾差异，所以"什么是美好生活"才成为影响深远的议题。

美好生活是一个既抽象又具体的概念，既体现着客观的生存条件，又蕴含着主观的认知水平。从其生成及发展机理的层面来看，美好生活是需要的满足与需要的合理之间的辩证统一。需要是人的本性、是人生存发展的基础，其满足状况与发展状况是美好生活实现的核心关键因素，正如马克思在《德意志意识形态》中指出的那

[①] 习近平. 习近平谈治国理政：第3卷 [M]. 北京：外文出版社，2020：159.

样,"他们的需要即他们的本性"。"需要"作为一个基本概念,贯穿于经济学、管理学、心理学等多个学科之中。但追根溯源,其来源于经济学理论。因此,把握新时代美好生活的理论逻辑,增进人们的幸福感、获得感、安全感,我们必须回归到马克思主义政治经济学理论去探究。可以说,"需要"是马克思主义政治经济学的一个核心范畴。

党的十九大指出,"中国特色社会主义进入新时代,我国社会主要矛盾已经转化为人民日益增长的美好生活需要和不平衡不充分的发展之间的矛盾。我国稳定解决了十几亿人的温饱问题,总体上实现小康,不久将全面建成小康社会,人民美好生活需要日益广泛,不仅对物质文化生活提出了更高要求,而且在民主、法治、公平、正义、安全、环境等方面的要求日益增长"。① 在发展不平衡不充分的条件下,什么是新时代人民群众美好生活?这不仅是一个重大的实践问题,也是一个重大的理论问题。它不仅涉及我们党和国家工作的重点与方向,还涉及人民群众的生活状态和精神风貌,因为它是对价值追求的一些根本性问题的思考。

鸦片战争后的百余年间,饱受欺凌、历经磨难的旧中国,在内无民主和平、外无独立解放,自身生存都面临着风险挑战的情况下,人民对美好生活的向往只能是一种奢望。新中国的成立为广大人民群众追求美好生活需要创造了一个稳定和平的基础环境和根本的政治保障,也激发了亿万人民创造美好生活的热情和斗志。在社会主义建设初步探索时期,党的八大科学研判了当时社会主要矛盾,明

---

① 习近平. 习近平谈治国理政:第3卷[M]. 北京:外文出版社,2020:8.

确了人民美好生活需要的范畴，确立了党的工作重点以及人民群众美好生活的方向。但随后的"大跃进""人民公社化"运动等脱离了实际的一系列运动，过高地估计了满足人民美好生活需要的生产力水平，对国家经济社会建设和人民生活造成了冲击。改革开放后，党重新明确了社会主要矛盾及人民美好生活需要的范畴，经济、政治、文化等各方面建设长足发展，人民生活总体实现小康水平，实现了由"站起来"向"富起来"的飞跃。

进入新时代，中国人民迎来"强起来"和中华民族伟大复兴的光明前景，具备了实现美好生活更为完善的制度保证、更为坚实的物质基础、更为主动的精神力量。新时代美好生活是人心所归、民心所向。今天的中华民族已全面建成小康社会，正向着第二个百年奋斗目标迈进、向着全体人民共同富裕奋进。中国人民对物质生活和精神生活都富裕的向往更加强烈，对生活需要满足的水平品质的要求更高更全面。它凝聚了近代以来几代人的梦想与追求，也是当代人民群众最大的心声与愿望。在庆祝中国共产党成立一百周年大会上，习近平总书记庄重指出，"江山就是人民，人民就是江山，打江山，守江山，守的是人民的心"。

新时代人民群众美好生活的实质就是通过满足人民群众美好生活合理性需要与引领人民群众美好生活需要合理之间的有机互动，激发活力、凝聚人心，推进中华民族的伟大复兴，增进人民群众的获得感、幸福感、安全感，促进社会进步和人的全面发展。这就要求科学准确构建人民美好生活需要动态指标体系，并转换成具体的行动纲领、工作目标，作为经济、政治、文化、社会、生态各项发展的参照标准，推动经济社会全面发展。

　　需要满足和需要合理是美好生活辩证统一的两个方面，虽然需要合理既抽象又具体，但其基本的、共性的方面是存在的，因此，对新时代人民群众美好生活需要合理引领是可行的，也是必要的。这就要求弘扬马克思主义的生活观、劳动观、消费观，正确认知人的需要与国家、与社会、与自然、与他人、与自我的内在逻辑关系，探究以新发展理念、社会主义核心价值观、新时代公民道德等引领需要合理的创新机制，杜绝社会不良风气的滋生，消除市场经济的负面冲击，从而培育新时代生活观，营造中国特色美好生活新风尚，在激发社会活力的同时，推进社会全面进步和人的自由全面发展。

目 录
CONTENTS

绪 论 ·· 1

第一章 美好生活的生成与共性 ·· 19
第一节 美好生活与需要理论 ·· 19
第二节 美好生活的生成机理 ·· 42
第三节 美好生活的共性 ·· 58

第二章 新时代美好生活的特性与意蕴 ····································· 73
第一节 近代以来中国人民美好生活需要的历史演进 ············ 73
第二节 新时代美好生活的特性 ·· 86
第三节 新时代美好生活的意蕴 ·· 95

第三章 新时代美好生活需要指标体系 ···································· 108
第一节 幸福生活指标体系 ··· 108
第二节 新时代美好生活需要指标体系的构建 ····················· 112

第四章　新时代人民美好生活的态势 …………………… **125**
　第一节　人民美好生活合理需要的现状 ……………… 126
　第二节　人民美好生活需要合理的遵循 ……………… 135

第五章　新时代美好生活的提升与引领 …………………… **144**
　第一节　有效满足人民日益增长的合理需要 ………… 144
　第二节　引领美好生活需要合理化 …………………… 154

结　语 ………………………………………………………… **165**

参考文献 ……………………………………………………… **169**

后　记 ………………………………………………………… **176**

绪 论

新中国成立以来，饱受磨难的中华民族实现了从"站起来"到"富起来"的历史性转变，迎来了新时代"强起来"的伟大飞跃和实现中华民族伟大复兴的光明前景。迈进新时代，我国社会主要矛盾已转化为"人民日益增长的美好生活需要和不平衡不充分的发展之间的矛盾"，这标志着新时代美好生活已成为十四亿多中国人民的共同向往与追求。同时，"什么是新时代美好生活、怎样创造新时代美好生活、如何引领新时代美好生活"不仅成了党和政府要回应与解答的时代课题，也成了十四亿多中国人民要面对的生活主题。开展新时代美好生活的理论研究，是时代的呼唤，也是实践的要求，具有重大意义。

美好生活是一个既抽象又具体的概念，既体现着客观的生存条件，又蕴含着主观的理性认知。从其生成及其发展机理的层面来看，美好生活是需要满足与需要合理之间历史的、具体的辩证统一。探究美好生活的生成发展机理是科学全面把握新时代美好生活意蕴、把脉新时代美好生活态势、引领新时代美好生活发展的重要抓手。

同时，需要是人的本性，也是人的本质力量的外化。正如马克思指出的那样："他们的需要即他们的本性"①，"是一本打开了的关于人的本质力量的书，是感性地摆在我们面前的人的心理学"②。人的需要是经济、科技、政治、文化、社会发展的最终动力源，是人类所拥有的、可持续发掘的原生力量。在一定程度上可以说，这是一部人类发展史，也是一部人类生存发展的需要演进史。因此，要紧紧抓住"需要"这个核心关键，解码新时代美好生活的意旨。

需要理论围绕的是"人"的需要，关于"人"的学说是马克思主义的理论基石。人的自由全面发展是"人"的最高境界，正是需要自身力量的驱使才推动生产力发展的不断向前演化。可见，需要理论的意旨是关于"人"的理论，这也是马克思主义理论体系的价值指向。可以说，需要理论是马克思主义政治经济学的核心范畴，也是中国特色社会主义政治经济学的核心范畴。中国特色社会主义进入新时代，我国人民群众的需要发生了深刻变化，高品质的物质产品与精神产品供给、公平正义的社会体制机制及参与机会、优美宜居的自然生态环境等已成为"美好生活需要"的重要组成因素。因此，实现新时代美好生活，增进人民群众的获得感、幸福感、安全感，必须不断满足人民日益增长的生活需要。

一、研究背景

改革开放以来，特别是党的十八大以来，我国经济社会持续健

---

① 马克思恩格斯全集：第30卷 [M]．北京：人民出版社，1995：342.
② 马克思．1844年经济学哲学手稿 [M]．北京：人民出版社，2004：88.

康快速发展，经济、政治、文化、社会、生态、军事、外交、国防等方面的建设以及党的建设取得历史性成就、发生历史性变革，提升了中国人民实现美好生活的条件保障，增强了中国人民追求美好生活的底气。在党的十九大上，习近平总书记庄严宣告："中国特色社会主义进入新时代，我国社会主要矛盾已经转化为人民日益增长的美好生活需要和不平衡不充分的发展之间的矛盾。我国稳定解决了十几亿人的温饱问题，总体上实现小康，不久将全面建成小康社会，人民美好生活需要日益广泛，不仅对物质文化生活提出了更高要求，而且在民主、法治、公平、正义、安全、环境等方面的要求日益增长。"① 这段话科学全面地阐述了中国人民美好生活多维度的丰富内涵，通过经济、政治、文化、社会、生态"五位一体"的布局，为人民生活勾勒出经济富强、政治民主、精神文明、社会和谐、生态美丽的美好生活的蓝图，指明了中国特色社会主义道路是人民创造美好生活的必由之路。

"人民对美好生活的向往，就是我们的奋斗目标。"② 习近平总书记反复强调人民的美好生活，充分表明坚持以人民为中心，满足人民美好生活的需要，已成为新时代中国共产党人的历史使命，是新时代党和国家发展事业的逻辑起点，更是中国特色社会主义伟大事业发展的落脚点。人的需要是不断发展的，它的实现程度和方式取决于生产力发展水平、经济体制与社会制度的性质。需要的释放

---

① 习近平. 决胜全面建成小康社会 夺取新时代中国特色社会主义伟大胜利 [N]. 人民日报，2017-10-28（1）.
② 习近平. 人民对美好生活的向往，就是我们的奋斗目标 [N]. 人民日报，2012-11-16（01）.

和满足是一个社会繁荣兴盛的重要标志。改革开放以来，我国人民的需要发生了重大变化，需要满足的程度逐步提高，满足的方式日趋多样化，已经从日益增长的物质文化需要演变为日益增长的美好生活需要。中国特色社会主义进入新时代，必须进一步解放和发展社会生产力，实现经济的高质量发展，进一步全面深化改革，以满足人民对美好生活的新期待，焕发社会的生机活力，为开启全面建设社会主义现代化新征程提供不竭动力。

当前，我国在全面建成小康社会的基础上正昂首阔步迈进第二个百年目标，社会主义市场经济进一步发展繁荣，人民生活品质不断提升，但同时，经济浪潮冲击下的物欲膨胀，对金钱、权力、感官刺激等不良倾向的追求与迷恋以及生活观错位认识等，对全体人民的共同富裕、人的自由全面发展带来负面影响，冲击着人们的世界观、人生观、价值观，迷茫着人们对美好生活的理性思考。只有对现存的生活状态、生活需要进行不断的反思，才能更好地把握理解新时代美好生活需要的内容与范畴，为增进人民群众的获得感、幸福感、安全感提出对策；同时，对物质膨胀、拜金主义、享乐主义等价值认知偏差的审思，有利于新时代美好生活观意旨的明晰，为引领新时代美好生活提供参考借鉴。本书也正是从这一角度出发，以马克思主义政治经济学的视角，来探究新时代美好生活。

二、文献述评

纵观古今中外，美好生活是一个由来已久的论题。作为理论研究，美好生活在各个学科的语境中都有出现，也展现出多维的研究视角和理论基础。通过文献检索及对有关文献的研读，现将可搜集到的国内外学界关于美好生活的研究成果述评如下。

(一) 国内有关研究综述

党的十九大后，国内学界对于"美好生活"特别是对于"新时代美好生活"研究的热情高涨，并取得了卓有成效的研究成果。

1. 现有研究的主要视角及观点

当前对于"美好生活"的研究已形成了较为可观的成果和发展，其主要研究视角及观点如下。

(1) 以内涵为研究视角，提出美好生活的有机构成

围绕着美好生活的构成内容和要素，学者们提出了美好生活的构成要素说，比如，何星亮认为美好生活的需要体现为物质性需要、社会性需要和心理性需求。[①] 又如，齐卫平认为美好生活包括获得感、幸福感、安全感三个方面，且三者是一种整体性关系。[②]

一些学者提出，美好生活是一个结构复杂、多层次、多元素的矛盾统一体。如李盼杰等认为，社会主义美好生活是内含许多矛盾的辩证统一体，是合规律性与合目的性的统一，是价值目标与实践过程的统一，是个体美好生活与集体美好生活的统一，是世界人民追求美好生活的普遍性与中国人民追求美好生活的特殊性的统一。[③]

[①] 何星亮. 不断满足人民日益增长的美好生活需要 [N]. 人民日报, 2017-11-14 (07).

[②] 齐卫平. 以获得感、幸福感、安全感满足人民向往美好生活的新时代需要 [J]. 国家治理, 2017, 11 (4): 37-40.

[③] 李盼杰, 曾文婷. 论社会主义与美好生活 [J]. 甘肃理论学刊, 2018, 11 (6): 5-10.

学者李磊则认为美好生活是社会绝对运动和人民需要相对静止的统一，是对理想生活追求的无限与有限的统一，是主观感受和客观现实的统一。①

还有的学者通过相关概念的比较，提出美好生活的内容。如李建华认为："美好生活侧重于从社会整体层面来描绘的大多数人的生活存在状态，而幸福生活侧重于个体感受来认识"，"美好生活是国家、社会、公民连接、互动、同感的结果，是共性与个性、整体与个别的有机统一"②。学者赵建波等则比较了幸福生活和美好生活两个概念，认为美好生活大于幸福生活的外延，美好生活可以是个体的感受，不过更多的是社会整体百姓的生活状态，是"高层次的、高质量的、可期待的、可持续的生活"③。

（2）以主体为研究视角，提出美好生活主客体的辩证统一

有的学者提出，美好生活具有个体维度和社会维度的复合性。如知名学者强以华指出，人的美好生活具有人类美好生活和个人美好生活两个维度，前者基于"类"特征追求共同性，后者基于"个人"特征追求个别性。美好生活的实现就是以人类美好生活为基础，同时实现个人美好生活的提升。④学者李志进一步指出二者之间的互动关系，"社会为个体潜能的实现提供更为优越的条件，个体则凭借

---

① 李磊. 习近平的美好生活观论析 [J]. 社会主义研究, 2018, 1 (1): 1-8.
② 李建华. 如何理解美好生活需要 [J]. 中国地质大学学报（社会科学版）, 2017, 17 (6): 1-7.
③ 赵建波, 解超. 新时代"美好生活"的价值期许与实践逻辑 [J]. 青海社会科学, 2017, 6 (6): 15-19.
④ 强以华. 论人的美好生活 [J]. 华中师范大学学报（人文社会科学版）, 2019, 58 (2): 60-66.

自身潜能的不断实现来回馈社会,并最终带来社会与个体的双赢"。①

有的学者认为,新时代社会主要矛盾的存在使人民对于新时代美好生活呈现出多重选择悖论,包括选择主体的丰富性与主体剩余、选择对象的丰裕性与资源稀缺、选择标准的多元化与方向迷失三个方面。造成这种选择悖论既有社会发展不充分、贫富差距等客观原因,也有主体选择能力缺失的主观原因。② 还有的观点提出,需要的主观性和个体性特质可能引发需要的规范性困境,表现为以下三种样态:通往怨恨的需要、作为妥协的需要和表现为欲望的需要。是否能够在社会建设中确保公平正义,强调公众参与,构建理性的需求文化和消费理念,实现个体需要与社会需要的有机统一,以破解资本逻辑下需求异化的难题,是实现美好生活需要面对的重要问题。③

学者唐魁玉认为:"美好生活要兼顾物质生活和精神生活的全面发展,并体现人作为生产者和生活者的双重身份。在实现过程中,要保障个体生活价值的共享、个体的公共参与权利和个体道德选择的更多可能性,还需要考虑个体生活的现代性,即拥有互联网和金融世界的便捷性。"④ 正如谢加书所言,"我国人民的美好生活是在

---

① 李志. 中国式美好生活的哲学解读 [J]. 吉林大学社会科学学报, 2018, 58 (6): 141-147.
② 张彦, 郗凤芹. 论新时代美好生活的选择悖论及其超越 [J]. 思想教育理论, 2018, 6 (6): 24-30.
③ 曾琰. 美好生活构建中需要的规范性问题及其破解:以历史唯物主义"需要"的规范性生成为依据 [J]. 宁夏社会科学, 2018, 6 (6): 35-41.
④ 唐魁玉. 创造美好生活应从寻找生活真相开始 [J]. 哈尔滨工业大学学报 (社会科学版), 2018, 19 (6): 12-14.

党和政府领导下多方主体分工、合作、共建而成的，是党和国家、市场、社会、个人及其家庭各负其责、多方协作共同实现的"①。此外，还有学者认为，新时代美好生活要避免民主社会主义的片面发展观和福利社会在物质福利上的层层加码所造成的缺陷，美好生活不仅仅是物质需要，还是人的全面发展和社会的全面进步。②

（3）以价值为研究视角，提出美好生活的本质

有的学者认为，美好生活本质上是一种发展观。如袁祖社认为美好生活是发展价值观嬗变的必然，是在原本强调经济、财富基础上回归人文的、价值的、实践的理性内蕴，回归发展的包容性、开放性逻辑。③ 学者杨文选认为美好生活是对生活观的新发展，且"发展是工具性目的，而不是价值目的，发展从属于美好生活"④。还有的学者认为美好生活在本质上是一种伦理观，是"追寻德性的实践生活本身"⑤，美好生活就是"有道德价值的生活"⑥。

有的学者提出，美好生活体现了马克思主义生活理论与新时代历史方位的有效契合。现实生活是马克思主义的"基石"概念，美好生活的意义就是告诫我们要从片面强调"物质"和抽象"人"的

---

① 谢加书. 美好生活建设的中国道路［J］. 马克思主义研究，2017，10（10）：32-39.
② 沈斐. "美好生活"与"共同富裕"的新时代内涵：基于西方民主社会主义经验教训的分析［J］. 毛泽东邓小平理论研究，2018，1（1）：28-35.
③ 袁祖社. "万象共生"并"美美与共"："发展价值观"的嬗变与"美好生活"的实践逻辑［J］. 河北学刊，2017，37（1）：141-147.
④ 杨文选. 德尼·古莱的"美好生活"观及对我们的启示［J］. 未来与发展，2010，33（11）：81-84.
⑤ 邵广侠. 道德教育要引导人过上美好生活［J］. 云南社会科学，2005，3（3）：28-31.
⑥ 寇东亮. "美好生活"的自由逻辑［J］. 伦理学研究，2018，3（3）：10-16.

视角转到对人民美好生活的重视上来,是人类进入文明时代的价值追求。① 有的学者提出,美好生活是马克思发展价值观新的实践变革。以生活为核心的内容转变,呈现的是全新的发展导向,是"旨在实现社会历史主体与自然生态、社会和人自身等多重全生态关系的新的相机互生、有机渗融的发展模式"②。此外,还有的学者提出,中国梦是治国理政思想的奋斗目标,而美好生活的提出则充分体现了治国理政思想的价值立场。③

同时,有的学者提出,美好生活与社会主义的内在要求是一致的,体现了社会主义的本质特征和制度优越性。④ 与之相应的是,美好生活也是社会主义改革和发展的目的与检验标准,"改革得不到群众的认同,就会失去本身的价值",只有将社会主义改革开放的成果具体落实到每个人头上,体现在人民生活水平的提高上,才能体现社会主义的优越性。⑤

此外,美好生活的提出,意味着美好生活的建设从人民群众自发建设到政府自觉建设,从部分建设到全面建设,为发展中国家提供了切实可行的美好生活建设示范。⑥ 美好生活的提出标志着我国走出了以"物的依赖"为标志的人类"史前史",走向了真正的"人

---

① 虞程盛. 论习近平人民美好生活思想 [J]. 探求, 2017, 6 (6): 15–21.
② 董辉, 袁祖社. "美好生活"的理想及其生存论人学逻辑:马克思发展价值观实践变革的实质 [J]. 中国高校社会科学, 2019, 1 (1): 39–49.
③ 闫方洁. "中国梦"与"美好生活":现代性语境下主流意识形态话语体系的创新 [J]. 马克思主义与现实, 2018, 3 (3): 184–189.
④ 翟绍果, 谌基东. 共建美好生活的时代蕴意、内涵特质与实现路径 [J]. 西北大学学报(哲学社会科学版), 2017, 47 (6): 20–25.
⑤ 季正聚, 许可. 我国社会主要矛盾的变化与全面深化改革的纵深推进 [J]. 中共中央党校学报, 2018, 22 (1): 13–20.
⑥ 谢加书. 美好生活建设的中国道路 [J]. 马克思主义研究, 2017, 10 (10): 32–39.

类历史"的发展道路,为人类对美好生活的追求提供了不同于资本主义模式的"中国方案"。①

2. 对于现有研究的评价

现有的研究不仅有助于我们进一步认识美好生活,把握新时代美好生活的发展,也有助于我们进一步深入开展研究、更好地创造新时代美好生活。同时,学术研究无止境,现有研究还存有进一步发展的空间,具体如下。

(1) 研究内容系统化与具体化有待进一步提升

一是目前对美好生活的研究大多停留在内涵上大而全地提炼概括,或是围绕理论、文件和领导人讲话进行归纳与解释,虽然达成了共识性的表述,但核心问题不够明晰,现实指导意义有待增强。我们亟须将美好生活这一理想化的表述具象化,将美好生活的解释力纳入国家发展战略框架中,并转换成具体的行动纲领以推动实践发展。具体而言,比如,经济、政治、文化、社会、生态各项发展对应的美好生活是何评价标准?个体美好生活的主观感受对应的评判标准和社会指征有哪些?

二是忽视美好生活的系统性和整体性研究,与中国特色社会主义的伟大实践和新时代社会主要矛盾解决的内在意旨关联度不够。这需要将美好生活放在历史进程和时代背景中考量,研究美好生活与中国梦、国家发展战略体系、两个一百年的不同关系和功能定位。要看到美好生活在中国特色社会主义伟大事业中的连续性,例如,

---

① 王雅林. 为创造人民美好生活的伟大实践提供理论滋养 [J]. 哈尔滨工业大学学报(社会科学版),2017,19 (6):1-5.

美好生活的生成动因和形成背景是什么？美好生活这一表达在中国共产党的执政方略里如何逐渐清晰化，经历了怎样的发展脉络？伴随全体人民共同富裕的扎实推动、第二个百年奋斗目标的不断实现，美好生活这一概念会经历怎样的演进和变迁，又如何具体地指导实践？这些问题都值得进一步思考。

（2）研究方法灵活性和多样性不足

一是有关美好生活的研究多是定性研究，围绕概念、内涵、价值和意义的理论研究较多，而实证研究较少，缺乏应用性和务实性。为了防止美好生活趋于空泛化和口号化，要以问题意识统领美好生活的研究，例如，美好生活的指标体系构建，美好生活对经济、民生、社会建设各项发展的指导意义，如何以美好生活为主旨搭建国家发展的行动框架等。同时要结合实践调查、对策研究、评价反馈等回应性研究主题，运用统计、定量分析等多种研究方法，拓展现有研究。

二是对美好生活的比较研究还不够深入，横向与纵向两个方面的比较研究还不够全面。例如横向的比较研究不仅要涵盖国际比较研究，还应涵盖国内的比较研究。既有对西方福利国家在社会建设和民生发展方面的经验借鉴与适用性研究，也有对我国内部不同区域、不同层次以及不同领域之间的比较研究。纵向的比较研究应包括对美好生活不同时期之间以及美好生活与和谐社会、小康社会等目标之间的关联研究，特别是美好生活对中国传统理想社会的继承与超越等问题，都值得进一步探索。

三是美好生活的研究视角相对保守单一，多学科综合研究有待提升。新时代美好生活的研究是一个有关社会建设和民生发展的系统性课题,在研究视角上,要体现多学科交叉视角和中国视角。新时代美好生活涉及经济、政治、文化、生态、民生等方方面面的要素,这些不同要素之间又是彼此交错、制约、协同的辩证关系。因此要以开阔的研究思维,以跨学科的研究视角,综合经济学、政治学、管理学、社会学、法学、教育学等多学科理论与方法,来系统地研究美好生活的生成逻辑、实现逻辑。

此外,现有新时代美好生活研究的中国特色和识别度还有待增强。美好生活作为一个社会发展水平的描述概念,不同程度地存在于世界各国的执政目标中,如何具有鲜明的中国叙事风格和文化辨识度,如何体现中国特色社会主义现代化建设的优越性和中国道路的独特性至关重要,而这一点在相关研究中鲜有体现。例如,美好生活与中国政治话语体系的关系,美好生活如何在继承中国传统理想社会观念和衔接现代社会发展目标时实现自我整合,如何以中国特色的话语解释力获得世界范围内的理解和共识?这些问题都很有研究意义。

(二) 国外有关研究综述

当前,国外关于"美好生活"的有关研究,同样呈现出丰富的学科维度;不过,其把抽象的、独立的"人"作为研究出发点的特性依然没变。纵观国外有关文献著作,存在着宗教伦理、精神心理和特定群体三种研究视角。

1. 宗教伦理研究视角

以宗教伦理的视角来论述幸福生活、美好生活，可以一直追溯到古希腊时期。今天，美国学者乔治·瓦利恩特的《精神的进化：美好生活的构成》一书，可以说是宗教伦理层面阐释美好生活的一部最新代表作。① 乔治·瓦利恩特认为，进化使人类历经时间洗礼成为具有精神性的生物，而且人类必将沿着进化之路走得更远，精神世界将会变得更加丰富。据此，他提出美好生活是基于人类的信仰，并把爱、希望、喜悦、宽容以及同情等情绪理解为美好生活的要素。又如美国发展伦理学家德尼·古莱在其《发展伦理学》中指出，美好生活是人的基本需要获得满足，少受疾病、有害自然因素和无力面对敌人打击的最大限度地生存。②

2. 精神心理研究视角

随着西方经济的高速发展，物质生活繁荣发达，人们的基本生活得到了满足，美国心理学家亚伯拉罕·马斯洛在对需要层次的长期研究中指出，在生理需要和安全需要的基础上，归属需要，即爱的需要与社会交往的需要、自尊的需要、认知的需要与美的需要，都是达到自我实现的必要基础。③ 据此，马斯洛认为，低层次需要是高层次需要的基础，低层次需要得到满足后，高层次需要才能出现，因此，这种观点认为美好生活是个体的一种精神主观感受和心理体验的过程。

---

① [美] 乔治·瓦利恩特. 精神的进化：美好生活的构成 [M]. 张庆宗，周琼，译. 上海：华东师范大学出版社，2018.
② [美] 德尼·古莱. 发展伦理学 [M]. 北京：社会科学文献出版社，2003.
③ [美] 亚伯拉罕·马斯洛. 动机与人格作者 [M]. 许金声，译，北京：中国人民大学出版社，2010.

3. 特定群体研究视角

此种研究使以特定群体的实证研究来界定美好生活，如瑞典的洛夫格伦和弗雷克曼合作的《美好生活：中产阶级的生活史》。① 该书以1880—1910年瑞典中产阶级的生活方式为观察对象，描述了中产阶级的生活图景，他们希望与农民、没落贵族以及无产者划清界限，在努力营造自身文化和生活方式的同时，他们也认为自己的文化形式、生活方式是最文明、最先进的，是应被推广给普通民众的"美好生活"。

此外，党的十九大后，许多国外学者开始研究十九大报告内容，对于新时代人民美好生活也有所涉及，如新加坡学者郑永年，他在一些媒体中谈道，中国模式给世界提供了西方政治道路以外的中国方案，对国际社会有深刻影响，尤其是对那些想在独立自主基础上搞好建设、推动经济社会发展的国家而言，启发意义相当大。他还认为，中共的理论创新也是对社会主义思想的丰富和完善。中国作为社会主义国家，是少数几个能够维持良好社会经济发展的国家，为世界所瞩目。

三、研究意义

向往美好生活，是人类社会的普遍追求。纵观人类发展的历史，无论是东方还是西方，美好生活的向往和追求一直都是推动人类不断改造客观世界与主观世界的不竭动力。美好生活是一个既抽象又

---

① [瑞典] 奥维·洛夫格伦, 乔纳森·弗雷克曼. 美好生活：中产阶级的生活史 [M]. 赵丙祥, 罗杨, 等, 译. 北京：北京大学出版社, 2011.

具体的概念，既有客观标准，又有主观认识。当前，在全面建成小康社会的基础上，我国已开启全面建设社会主义现代化的征程，同时，世界正演绎着百年未有之大变局，"什么是美好生活，怎样创造美好生活，如何过美好生活"成为摆在中国人民面前的现实问题，也成为我们党推进"四个全面"战略布局、"五位一体"总体布局建设，更好增进人民的获得感、幸福感、安全感的一个重大实践问题及理论问题。

（一）理论意义

第一，有助于丰富和发展马克思主义政治经济学理论体系，进一步完善中国特色社会主义政治经济学。马克思主义政治经济学和中国特色社会主义政治经济学具有"源"与"流"的关系，目前学界对于中国特色社会主义政治经济学的研究对象还未形成完全一致的观点。因此，紧紧抓住人的需要这根主线，对新时代美好生活进行系统研究，可以进一步丰富和发展马克思主义政治经济学理论体系，进而不断完善中国特色社会主义政治经济学理论体系。

第二，有助于体现新时代下人自由全面发展的本质所在。人的全面发展是一种均衡的、科学的发展，不仅包括自身的发展，还包括人与人、人与自然、人与社会的和谐发展。人的自由全面发展不能只顾物质不顾精神，只追求物质上的满足与享受，而不注重精神的补给，通过对精神向往的研究，夯实新时代下人的自由全面发展的本质所在。

第三，有助于更好地理解习近平总书记的新理念新思想。习近平总书记一系列新理念新思想的提出，就是运用马克思主义政治经济学原理，把改革开放以来特别是党的十八大以来建设中国特色社会主义的实践经验，与当前国内外形势和重大问题相结合的产物。对于我们更好坚持新发展理念，践行以人民为中心的发展，具有重要的理论指导意义。

（二）现实意义

第一，有利于为树立中国梦和中国特色社会主义共同理想凝心聚力，形成解决发展不平衡不充分的合力，通过新时代美好生活的矛盾分析研究，为社会成员多样性的利益表达提供现实可能。

第二，有利于积极培育和践行社会主义核心价值观。在思想文化交流交融交锋、人们思想意识多元多样的国际国内新形势下，为人们精神向往提供正确的价值观、价值选择和价值判断。

第三，有利于合理地引导新时代美好生活的需要，增进人际关系，推动人与自然关系和谐发展，提升人民新时代美好生活的获得感、幸福感、安全感，并在社会共同体的整体要求下形成休戚与共、互补共赢的利益关系，为个人理想和社会共同理想的实现提供助力。

四、创新之处

本书以马克思主义政治经济学为视角，以新时代美好生活需要为主线，运用矛盾分析方法去阐释人民美好生活的价值意义，由此充实中国特色社会主义政治经济学理论成果，并从需要理论的角度去阐述人民美好生活的价值意蕴、共同富裕及人的自由全面发展。

（一）观点的创新

本书提出新时代美好生活是需要满足与需要合理在历史的、具体的社会实践基础上的辩证有机统一，是全面建设社会主义现代化目的性和手段性的内在统一。其价值意义在于激发社会的活力和创造力，推动消费升级和高质量发展，引导人民合理需要和增进获得感、幸福感、安全感，推进社会全面进步和人自由而全面发展。

（二）视角的创新

本书以马克思主义政治经济学的核心范畴——需要理论为研究切入点，运用矛盾分析方法，从新时代美好生活需要这个层面阐释新时代美好生活的生成机理、意蕴内涵、价值要义、规律态势及实践路径。

五、研究思路

立足中国特色社会主义新时代的历史方位，着眼第二个百年奋斗目标，以人民群众美好生活的生成机理为研究突破，以需要满足与需要合理的辩证关系为研究主线，以促进社会全面进步和人自由全面发展为研究价值取向，通过开展多学科理论指导下的、定性与定量相结合的调研研究，把脉新时代人民群众美好生活需要的动态及变化趋势，探究激发社会活力、营造美好生活新风尚的创新机制，进而从满足合理的需要和引领需要合理两个层面提出有针对性、建设性与前瞻性的对策建议。

六、不足之处

本书拟以需要为主线解决国内外研究特别是国内研究没有涉及的核心问题及局域问题，系统化、具体化阐释新时代人民群众美好生活的生成机理及意蕴内涵，解析新时代人民群众美好生活的合理需要与需要合理之间的互促关系，以及需要与国家、与社会、与自然、与他人、与自我的内在逻辑关系，都具有很强的动态性，在写作过程中，因时间及精力限制，对于实证调研及获取第一手数据还存在一定的不足，也成了今后研究进一步提升之处。

第一章　美好生活的生成与共性

美好生活这一概念由来已久，但因其颇具社会生活日常化的表达方式，而带有笼统化和形式化的倾向。但作为学术话语体系中的一个概念，应该赋予它本在的学术解读、理论的严密逻辑以及明晰的价值指向，以便全面诠释其生成的机理与共性，以及蕴含其中的内在逻辑。

第一节　美好生活与需要理论

向往美好生活，是人类社会的普遍追求与自发需要。纵观人类社会的历史与现在，无论是东方还是西方，美好生活的向往和追求一直都是推动人类不断改造客观世界与主观世界的不竭动力。正如习近平总书记指出的："古往今来，过上幸福美好生活始终是人类孜孜以求的梦想。"[①]

---

① 习近平. 在中国共产党与世界政党高层对话会上的主旨讲话［N］. 人民日报，2017-12-02（2）.

一、美好生活的认知

在人类社会漫长的历史上,无论是我国春秋战国时期的诸子百家,还是西方古希腊的苏格拉底、柏拉图、亚里士多德等,众多中外先哲都曾对美好生活做过大量论述及探究。也许,正是因为历史上的美好生活向往与社会现实之间往往始终存在着主客观上的差距,所以"什么是美好生活"才成为影响深远的议题。

(一) 美好生活的西方认知

在西方学术思想体系的发展中,古希腊时期先哲的一系列思想及论述被奉为经典,而充溢其中的,大部分是关于人的生活追求等相关思想及论述。虽然古希腊的不同流派对美好生活这一人类的共同超越性追求,有着不同的观点与表达,但这也恰好说明了该议题在当时哲学家们话题中的热度。据记载,在古希腊雅典的广场上,苏格拉底经常以"善""美好""幸福"等这样的词语,提出供人们讨论的议题,来思考讨论什么是平等,什么是幸福,怎样追求平等幸福的生活,启示什么是一个社会的美好生活。也就是说,早从古希腊时期开始,西方思想家就致力于探索何为美好生活,以及美好生活何以可能的问题。

1. 美好生活是"善"的组合

学界一般认为,"美好生活"的概念起源于古希腊哲学家亚里士多德,但在他之前的苏格拉底、柏拉图等都对此有过论述。如柏拉图的《理想国》中记载,苏格拉底提出,"美好"是为了照管弱者的利益，并非为了强者利益。苏格拉底认为，医生追求的技艺，其目标指向是祛除病人的痛苦，使之保持愉悦健康；牧羊人追求的技艺，其目标指向是把羊养得膘肥体壮，并据此得出结论；作为城邦的统治者追求的技艺，其目标指向是维护发展好人民的利益，让人民能够安居乐业、幸福生活。这里可以看出，苏格拉底以医生和牧羊人的形象说法来表达美好生活或幸福生活的内在逻辑，阐释一个社会中人人美好生活或幸福生活内在的交互关系。当然，苏格拉底是从道德伦理层面出发，提出人的完美"理念"，即"善"。因此，他强调拥有完美"理念"的人、道德高尚的人对生活的需求欲望比普通人民要少，而普通人民则对生活的需求欲望表现为他们所有能够获得的满足或保障。苏格拉底把这归结为人性的不安全感，才会导致普通人民对生活的需求欲望更强，对自我利益的保护更重，只有足够"善"的、情操高尚、内心强大的人，才会更有智慧和意愿保证其他人的利益，并在这种相互的保证中达到社会的美好生活或幸福生活。但是，苏格拉底没有意识到的是，对"善"的追求本身也是一种需要，并且是人的更高层次的精神生活需要。

苏格拉底提出的"善"与美好生活思想，被其后继者柏拉图、亚里士多德继承并发展。亚里士多德进一步提出了美好生活是"善"的组合，指出身体中的"善"、外在的"善"与灵魂中的"善"是构成美好生活的三种基本要素，即身体中的"善"体现为一个人的身体是健康的，外在的"善"体现为一个人拥有足够的谦卑，灵魂中的"善"体现为一个人道德品格的优秀。亚里士多德还认为，拥有财富是美好生活的一个必要条件，然而，拥有财富并不能成为这些"善"的保证。因为财富是用来达到一定目的的工具,一个人拥有太多财富,就像是拥有太多工具一样,对头脑或者灵魂反而是有害的;但相反的是,拥有这三个"善"是极有可能带来财富繁殖绵延。因此,亚里士多德提出,就民众而言,美好生活或幸福生活来源于身体的健康、品格的优秀、实践的智慧以及明智的选择,并随着这些"善"层面的增长提升与财富的繁殖绵延,人们可以获得更高层次、更高享受的生活满足与愉悦体验。

同时,亚里士多德认为,"善"的具体含义是因民众个人的具体情况而各不相同的,他指出,即使在与世隔绝的岛屿(即便是富饶岛屿),人民在追求美好生活"善"的过程中,也不可能与富饶城邦里的人民对"善"的标准内涵相提并论。可见,远在古希腊时期,亚里士多德已经认识到美好生活是具有社会性、具体性的,即一个人的美好生活是在社会的交互过程中确立标准或实现参考的。

2. 美好生活的本质是理性认知

苏格拉底认为,美好生活是一种"善",不应只是看到"善"的表象,更要看到"善"的本质,并找出达到"善"的路径。苏格拉底提出,理解真正的"善"并不断地去完美它,就要掌握并运用"好"的知识。对此,他也举了例子,如医生可能有时对病人隐瞒实际的病情,这对病人却是好的;又如,有人从朋友处借用武器,要归还时却发现朋友已经疯了,这个时候不归还朋友的武器,是明智的选择。

柏拉图则认为,"善"是一个人灵魂的升华。柏拉图提出,理性、激情和欲望是构成灵魂的三个部分。并且理性是灵魂中的统治者，居于主导地位；激情是灵魂中的护卫者，居于理性之下并辅助理性，体现为灵魂中爱好荣誉、渴求胜利、坚毅勇敢的美德；而欲望是灵魂中的邪恶巫师，体现为灵魂中贪婪堕落、毫无底线的恶性，处于最低层次部分。对此，柏拉图还做了一个形象的比喻：一个人的灵魂好比是一辆由黑、白两匹马拉着的马车，那么，理性就是驾车的马车夫，激情是拉车的两匹马中的白马，而欲望则是另外的那一匹黑马。理性奋力保持着马车能够在正道上行驶，白马则努力按照马车夫指令并帮助马车夫在正道上行进，而黑马却是竭力把马车向邪路的方向拉。所以，只要理性这个马车夫能够成功支配激情与欲望，并能够与之保持着和谐的状态，那么，一个能够以理性把控激情与欲望的人，就能够在生活中做到谦卑、温善，就不会做一些贪婪、欺骗、违约或背叛的事情，也自然是一个拥有幸福生活与美好生活的人。

亚里士多德认为，获取知识是"最高的善"和"最高活动"，并强调在知识积累和知识追求的过程中，获得的满足是"最高的善"和"最高活动"的最高层次。因此，亚里士多德提出，对知识的追求、获取是通往幸福生活、美好生活的正确道路，且"所有人都渴望求知"，"最美好的事情就是理解……这种活动是至高无上的，因为理解是我们身上的最强要素"[①]。

3. 美好生活的准则体现的是分配平等

柏拉图在《理想国》中指出，真正美好生活的准则体现的是社会正义以及由此而带来的分配平等。社会正义的唯一标准是人的德

---

① 陆珊年，徐兰. 亚里士多德：名言录[M]. 北京：中国少年儿童出版社，2003：48.

性与品质，但社会正义不可能只是基于德性的差序正义。由此，柏拉图举例进行了解释，如社会中职位的分配要依据人的德性与品质，让有智慧的人成为城邦和人民的掌控者、统治者、管理者，而让勇敢的人担任城邦和人民的守护人、护卫者。亚里士多德的基于德性差序正义与我国古代荀子的"明分使群"观念有许多相似之处。在此基础上，亚里士多德进一步提出，"美好"是平等的分配，但这种分配平等却并非单一的标准和准则，而是体现为数量平等与比例平等的合二为一。

同时，亚里士多德还对数量平等与比例平等进行了说明和解释。他指出，数量平等就是分配的数量体现为所有人的一律平等，就如乐队中的所有成员都应当得到一支笛子，不能因乐队成员之间演奏水平的高低差异而剥夺部分成员获得笛子的权利；比例平等体现为分配与内在品质的相符，又如乐队中演奏水平高的成员应当得到好一些的笛子，而演奏水平较低的成员则只能分配到较差的笛子。当然，对于这种分配的比例平等，问题的关键在于依据什么样的标准。在这个问题上，亚里士多德强调的是目的论，即以事物的内在效用以及达到的目的为依据标准。也就是说，笛子的目的是用来演奏的，乐队演奏水平高的成员自然也是最能实现笛子的效用与目的的。

站在今天的视角，苏格拉底、柏拉图、亚里士多德等提出美好生活是合乎德性的、至善的生活，是人"成为神一样的人"的生活。但美好生活不能缺失幸福的内涵，古希腊的先哲们对于理性与知识地位的认识过于夸大，而对劳动人民的美德与品质却忽视、轻视，这是有失偏颇的。如果把这些思想置于当时具体的历史情境中，较之过去那种以血缘、财富、自由身份来分配职位及资源财富的做法，这些思想提出的依据人的内在德性和品质来分配政治权力的倡议与呼吁，无疑是一种历史的进步。所以，这些思想对后来的海德格尔、马尔库塞等都产生深深的影响，如马尔库赛正是在对这些思想吸收与发展的基础上，提出了美好生活是质和量的统一体，要避免人的"单向度"的发展等。

（二）美好生活的东方认知

中华民族是一个有梦想并为之孜孜不倦追求的民族。千百年来，美好社会的理想一直是中华民族自强拼搏的精神动力。在博大精深的中华优秀传统文化体系中，以儒家学说为代表的主流思想，两千多年前就勾勒出"天下大同"的社会蓝图，提出"大道之行也，天下为公，选贤与能，讲信修睦。故人不独亲其亲，不独子其子，使老有所终，壮有所用，幼有所长，矜寡孤独废疾者，皆有所养"的理想社会目标（《礼记·礼运篇》）。对"天下大同"社会的向往，久经历史的积淀与洗礼，已深入中华民族的骨髓之中。如从发出"王侯将相宁有种乎"呼声的大泽乡起义到提出"无处不均匀，无人不饱暖"口号的太平天国运动，历史上这些大规模起义运动鲜活地展现出中国人民为实现"天下大同"的美好生活而不懈追求的姿态。

1. 美好生活是人民的生活

中国古代哲学家们也强调了一个国家人民群众的基础重要性，从老子的"以百姓心为心"（《道德经·第四十九章》）的观点，到孟子的"民贵君轻"说（《孟子·尽心下》），再到荀子的"君民舟水"说（《荀子·王制》），无一不揭示了国家的前途命运与人民紧密相连，甚至人民在国家前途命运中起决定性作用。这些古代中国传统文化中关于人民美好生活的论述及观点，对于中国特色社会主义新时代人民的美好生活建设具有重要启示。如"得道者多助，失道者寡助"，原本的意思不是指一般人，而是指君主之类能掌权的人。而"得道"，是指得到大多数人推崇的代表正义的方方面面。"得道者"就是指站在正义方面，得到大多数人支持和帮助的人；"失道者"就是指不实施"仁政"的君主。所以，从孟子的话中我们知道"道"原本指的就是正义的方面或者指的是"仁政"，那么，延伸到我们现在的社会，指的就是"民心"。因此，在现实生活中，正所谓"得民心者得天下"。

左丘明在《春秋左氏传》中谈到的"民生在勤，勤则不匮"，同谷子在《尚书·五子之歌》中谈到的"民为邦本，本固邦宁"，都是强调人民是社会生活、国家安定的基础，如果国家没有了人民，那么国家的发展和生活的进步是很难达到的。只有人民勤奋努力，有向往、有需求、有奋斗，国家才有希望，这是中国传统文化对人民美好生活向往做出的最好的归纳。

2. 美好生活具有整体性和完备性

中国文化同样传递着对安定、幸福生活的恒久守望。《尚书·洪范》中有对"五福"的记载，一曰寿，二曰富，三曰康宁，四曰攸好德，五曰考终命，表达了一种整体性的幸福观。与上述古希腊哲学家对理性强调、对求真求知的强调不同，中国文化受天人一体的宇宙观、天下一家的世界观、民胞物与的生命观影响，对美好生活的描述更强调求善求美，强调幸福的整体性和完备性。

比如，强调天人一体。在中国哲学里，天是万物的生命本源，也是道德观念和原则的本源。对此，儒家、道家文献都多有论述，比如《易经》中提出天、地、人三才之道，天之道在于"始万物"，地之道在于"生万物"，人之道在于"成万物"，将人与自然、人与最高道德本体的关系清楚展现出来。

比如，强调德福一致。以儒家为代表的中华传统文化重视德福一致，认为道德内在于幸福之中，美好生活同时也是道德的生活，因此即便"一箪食，一瓢饮，在陋巷"，圣人也能"不改其乐"。同时，因为道德带有利他性，这就要求人们不能只注重个人的幸福，个人的美好生活必然融入社会的整体利益和共同发展之中，内圣外王的个人理想、"大道之行，天下为公"的社会理想由此趋于一致。

综上所述，中国人民自古以来对于改善民生的迫切需要和对美好生活的强烈向往，体现出坚持"以民为本"的民生目标，构成了中国文化所表达的美好生活的重要内容。通过传承和扬弃中华传统文化思想，并创造性地发展，赋予它新的时代精神和独特内涵，可以更好地增强中国美好生活思想的世界影响力。正如习近平总书记所说："中华文化积淀着中华民族最深沉的精神追求，是中华民族生生不息、发展壮大的丰厚滋养，是中华民族的突出优势，是我们最深厚的文化软实力。"[①]

[①] 习近平谈治国理政：第2卷 [M]. 北京：外文出版社，2017：10.

(三) 马克思、恩格斯对于美好生活的阐释

19世纪40年代，针对西方经济学鼻祖亚当·斯密的观点，马克思在《1844年经济学哲学手稿》中写道：既然按照斯密的意见，大多数人遭受痛苦的社会是不幸福的，既然社会最富裕的状态会造成大多数人的这种痛苦，而国民经济学（一般是私人利益占统治地位的社会）又会导致这种最富裕的状态，那么国民经济学的目的也就在于社会的不幸。马克思主义经典作家立足前人思想，以唯物史观揭示社会发展客观规律，一针见血地指出资本主义社会并不是理性的王国、幸福的乐园，并对美好生活提出科学的阐释。

1. 美好生活只有在共同体中才能完成

马克思、恩格斯指出，美好生活是属于人的生活，是人以其特有的主观能动性的对象性实践活动，按照美的规律来构造的生活。美好生活的实现是一个长期的渐进的历史过程。真正的美好生活是共产主义社会"自由人的联合体"的生活，在那里，物质财富极大丰富、消费资料按需分配，社会关系高度和谐、人民精神境界极大提高，每个人自由而全面地发展。从人类社会发展的客观规律来看，真正美好的生活必须要推翻资本主义，实践人的自由发展，达到一切人的自由发展的条件。

对任何问题的思考都要回归到人，那么人是什么？马克思说，"人是类存在物"[①]，人自身的对象不仅是自身的类以及其他物的类，而且是现有的、有生命的类。把自身当作普遍的、自由的存在物来

[①] 马克思. 1844年经济学哲学手稿[M]. 北京：人民出版社，2004：56.

对待，人区别于动物的本质特征便是人能自由且有意识地活动。人的存在并不是孤立存在的，他与自身、自然及社会存在着密切联系。马克思认为人是社会存在物，这意味着人不是孤立存在的单独个体，个人获得全面发展的前提在于其存在于共同体中。换言之，只有在共同体中个人才能有真正的自由，人的类生命的绽放、个别利益与共同利益的融合、美好生活需要的实现，只有在共同体中才能完成。

马克思共同体思想旨在实现人的全面发展，"每个人的自由发展是一切人的自由发展的条件"[1]。马克思共同体思想立足于实现每个人的全面发展，通过每位成员的共同发展实现共同利益，实现所有成员美好生活的需要。马克思认为个别利益与共同利益的融合必须建立在发展社会生产力的基础上。恩格斯认为社会利益总有一天会高于个人利益，社会作为一个主体而存在，它的存在也有自身利益因素的影响。我们拥有共同的利益，实现个别利益与共同利益的融合是美好生活的价值取向所在。如恩格斯在《家庭、私有制和国家的起源》中指出："然而，总有一天……社会的利益绝对高于个人的利益，必须使二者处于一种公正而和谐的关系之中。"[2] 那么"这一天"就算是个人利益与共同利益的融合。只有在发展社会生产力的基础上，消灭因商品交换而带来的个别利益与共同利益间的冲突，才能建立个别利益与共同利益融为一体的社会，即美好生活的社会实践形式。

当近代资本主义在西方兴起，并用坚船利炮打开古老中国的大

---

[1] 马克思恩格斯文集：第2卷［M］．北京：人民出版社，2009：57.
[2] 马克思恩格斯全集：第4卷［M］．北京：人民出版社，1972：174.

门时,马克思一针见血地指出,这是"对于被统治阶级来说,它不仅是完全虚幻的共同体,而且是新的桎梏"①。这也说明,无论是追寻先贤的理想,还是立足现实的探索,当时中国人民对美好生活的向往,都已变得更加遥不可及。在对"虚幻共同体"批判的基础上,马克思提出了以"类"为本位的真正共同体,"在真正的共同体条件下,各个人在自己的联合体中并通过这种联合获得自己的自由"②。在真正共同体中,发展是全部成员的权利,个体发展与社会发展是和谐统一的,其实质是建立"自由人的联合体"。

2. 美好生活取决于人的多方面需要

马克思需要理论产生于 19 世纪中期,但是马克思、恩格斯并未被当时的历史现状所拘束,而是对人类社会生活的本质及未来发展趋势做出了阐释。马克思在分析当时资本主义社会时指出,"真正的社会联系并不是由反思产生的,它是由于有了个人的需要和利己主义才出现的"③,这种联系也就是马克思、恩格斯在其经典著作中多次重复的"需要"。

恩格斯指出,"人来源于动物界这一事实已经决定人永远不能完全摆脱兽性"④。但是,人性更主要的是超越兽性的部分。正如马克思所指出的:"无论是在人那里还是在动物那里,类生活从肉体方面来说就在于人(和动物一样)靠无机界生活,而人和动物相比越有普遍性,人赖以生存的无机界的范围就越广阔。"⑤ "饥饿总是饥饿,

---

① 马克思恩格斯选集:第1卷 [M]. 北京:人民出版社,1995:199.
② 马克思恩格斯选集:第1卷 [M]. 北京:人民出版社,1995:199.
③ 马克思. 1844 年经济学哲学手稿 [M]. 北京:人民出版社,2004:171.
④ 马克思恩格斯选集:第3卷 [M]. 北京:人民出版社,1995:442.
⑤ 马克思. 1844 年经济学哲学手稿 [M]. 北京:人民出版社,2004:56.

但是用刀叉吃熟肉来解除的饥饿不同于用手、指甲和牙齿啃生肉来解除的饥饿。"① 因此，同一种需要被人的理性改造后，便具有人的属性，而且人的需要是全面的、合理的。"动物的生产是片面的，而人的生产是全面的；动物只是在直接的需要支配下生产，而人甚至不受肉体需要的影响也进行生产，并且只有不受这种需要的影响才进行真正的生产"②，那么"在现实世界中，个人有许多需要"③。可见，人的生活可以归结为多方面的需要。正如马克思在后来的《德意志意识形态》中进一步指出的那样，"他们的需要即他们的本性"④，即生活的一切。

综上所述，马克思、恩格斯关于美好生活的阐释告诉我们：人的自由全面发展离不开社会的全面进步，人的自由全面发展也即人的多样性需要的满足。这对于更好满足人民日益增长的美好生活需要，不断推进人类命运共同体的构建，具有重要的理论指导意义。

二、人的需要理论

谈及人的需要理论时，我们很容易联想到管理学派马斯洛的需求层次理论。但追根溯源，其源于经济学理论。要实现对需要理论的全面把握，我们必须回归到西方经济学和马克思主义政治经济学中去。从世界经济发展的历史来看，正是人"需要"的增长发展，才不断驱动对主客观世界的改造、推动经济社会的发展。而经济社

---

① 马克思恩格斯全集：第2卷 [M]. 北京：人民出版社，1972：95.
② 马克思.1844年经济学哲学手稿 [M]. 北京：人民出版社，2004：58.
③ 马克思恩格斯全集：第3卷 [M]. 北京：人民出版社，1960：326.
④ 马克思恩格斯全集：第30卷 [M]. 北京：人民出版社，1995：342.

会发展又是为了科学技术发展的内在需要,正是在这个互促过程中,科学技术推动了社会生产力的一步一步前进,并成为"第一生产力"。恩格斯曾描述过"需要"的巨大力量,"社会一旦有技术上的需要,这种需要就会比十所大学更能把科学推向前进"①。这样,"人的需要、生产及科学在人类历史发展过程中就构成一个链条,在这个链条上,三者是由此及彼地一环套一环,环环相扣,同时这种环环相扣,又是无限的序列"②。

(一)西方经济学理论:需要就是偏好

需要是一种潜在的、原始的力量,驱动着人改造主客观世界的活动,构成经济、政治、文化、社会等发展的内生驱动力。对此,马克思主义经典作家对此有清晰的论述与阐释。如在《德意志意识形态》中,马克思、恩格斯指出,人从事第一个历史活动的出发点或"创造历史"的真正动机是人的"生活",亦即人的"需要","任何人如果不同时为了自己的某种需要和为了这种需要的器官而做事,他就什么也不能做"③。西方经济学认为,把需要等同于主观偏好会更切合实际,并且这在道义上更妥当,在思想上更完备。西方经济学理论体现的这种相对主义的观点还认为,只有个人或某些个人组成的群体可以针对需要做出优先选择的决定,即需要是具有引领性、从众性的一种主观偏好。

---

① 马克思恩格斯文集:第10卷[M].北京:人民出版社,2009:668.
② 邵晓光.人的需要、生产与科学[J].辽宁大学学报(哲学社会科学版),1998,2(2):3-8.
③ 马克思恩格斯文集:第1卷[M].北京:人民出版社,2009:527.

1. "经济人"假设

"经济人"假设长期在经济理论研究中占据主流地位,"经济人"这个名词最先是由帕累托引进经济学的,后来穆勒对"经济人"进行了进一步的解释,提出"经济人"是能够进行计算,具有创造精神与能力,并能够做到使自己利益最大化的人,同时"经济人"自身具有的特性成为市场经济得以独立运行的主体条件。可见,"经济人"假设的依据或根源在于人类的本性之中,天然存在着尽可能实现自身利益最大化的动机和需要,即实现效用最大化的动机和需要。但西方经济学理论中"经济人"假设较为简单机械,特别是关于边际效应或边际偏好的研究,大多是描述性的,缺乏动机和需要生成及发展的原因分析,即缺少从人性的结构上分析人性的偏好为什么是这样的、为什么又是多样的以及为什么是这样变动的。这种假设规避了对人性的内容和结构的深入剖析与完整揭示,只是局限于人性的某一方面,即主要是物质需要层面进行分析,忽略了精神层面的需要及其相互关系、作用意义。

"经济人"假设把人追求的目标完全核定为物质层面的需要,即自身经济利益最大化,因而只涉及人的需要结构的部分层面。对此,西蒙曾用有限理性理论对"经济人"假设的完全理性提出质疑与批驳,并在"经济人"假设的基础上提出"效用人"假设。"效用人"假设认为,人是多种需要的综合体,具体体现为物质、官能、财富、利他等多种需要和动机。这些需要和动机都能给个人带来满足,在追求这种满足的过程中,人的理性不可避免地受到多个方面的影响制约,只能是有限的。无论是"经济人"假设还是"效用人"假设，其都认为人的基本行为动机是追求利益的最大化和效用的最大化，但事实是，人的行为差异主要源自个体自身意识形态的差异，即对需要的选择序列及其偏好程度。

亚当·斯密在《国富论》中对"经济人"假设理论做了较为全面的阐释，指出了人的需要与其行为、人的需要与经济活动之间的关系。亚当·斯密认为，人的生产活动是通过一只"看不见的手"来激励和引导的，这只"看不见的手"实质上是人的需要与经济活动的内在逻辑和外在表现。如人们能够在市场经济的运行中，对职业、消费、居住地，以及收入、财富和时间的分配等，做出各种各样自由的选择。这种复杂选择的背后依据是人的需要的差异，同时也充分体现了个人的偏好和个人的幸福要素。当然，这种自由的选择是因人而异的，每一个人依据的是个体所拥有的普遍公共标准、普遍公共知识、普遍公共信息与其个体所特有的知识认知、知识层面以及个体信息。这样，人的个体需要就与社会的整个经济活动有机协调起来了，这也是从人性的层面去理解把握为什么市场是一只"看不见的手"，因为，它的存在是基于"经济人"的假设。

在现代市场经济条件下，通过对普遍公共知识及普遍公共信息的收集与分析、处理和转化，获取人的需要及一般偏好相对简单，而对个体所特有知识层面以及个体偏好信息的收集与分析、处理和转化，获取特定个体的需要则是很困难的。因此，个体的自由选择的重要价值就在于它能够比较充分地显示私人知识和信息，并转化为可识别的价格信号。这样的价格信号是包含了普遍公共与个体特有信息和知识的，在较大的程度上反映市场需求，进而传导到生产领域并引导资源的流动和配置。可见,"看不见的手"实质是反映人们的现实和潜在的需要,是由价格信号引发的市场资源配置活动,并在经济及运行中形成需要与生产的有机互动关系。

当然,市场经济这只"看不见的手"能否成为满足人的需要的有效机制和渠道,还取决于市场经济本身的制度性质、建设程度以及实际运行状况。只有服务文明的市场制度、健全完善的市场体制、运行良好的市场机制才能激励人们生产的积极性,迸发出创新的活力,并形成经济活动与人的需要之间良性的互动关系。可见,满足人的需要或利益最大化的重要保障是市场制度、市场体制、市场机制。因此,一些基础性制度建设,如产权制度、分配制度、竞争制度、金融制度、监管制度及体制机制等,以及物质基础设施建设,是实现市场经济良性运转的基本支撑,对于人的美好生活是非常重要的。同时人的需要的其他层面,诸如安全、民主、自由、公平、正义、法治、文化、道德等政治和精神层面的需求,是市场经济自身难以充分满足的,这就需要通过完善的政治、社会的体制机制加以保证。

2. 需要的最优化满足

西方经济学理论传统的观点认为,让一个人的生活变好,而不能让另外一个人生活变坏,被视为公平与效率的"理想状态",这就是所谓的"帕累托最优"。然而,这种"理想状态"在社会现实中是很难达到的。比如,同一区域的不同企业,即便是各自的产量没有变动,它们生产要素投入的构成比例、增减比例等,也会不尽完全相同;不同区域的资源不尽相同,发展程度、发展水平也会同样存在较大的差异。这样，发展的不均衡性必然导致人口之间富裕程度的差异，也必然存在不同需要状态之间的差距，这是必须面对的事实，更是"帕累托最优"无法回避的重大挑战。同时，按照西方经济学理论的传统观点，需要的"客观性"及"普遍性"也值得怀疑，特别是"谁需要什么"这个问题上，市场中的消费群体和生产群体两者之间不可能达到真正一致的。因为，大多数人可能基于对食物的偏好大于对服装的偏好而做出的选择，会直接影响或制约着少数人基于对服装的强烈偏好做出自己应有的、合理的选择。可见，主体论是解释这些选择现象的共有理论观点，也就是说，人的需要在社会层面的展现不过是表示了大多数人共同的偏好并影响引领大众接受的偏好。

为谋求"帕累托最优"的"理想状态"，福利经济学理论从人的需要层面出发，给出了两条基本原则。第一条是利益的主观概念，其前提是个人是判定自身利益正确性（需要正当性）的唯一权威，也就是他们的需要。第二条是私人主权，生产什么、怎么生产、产品怎么分配等这些问题都应该由个人的私人消费偏好决定。① 对此，福利经济学理论提出人的能力是平等的假定，并通过多种途径把第一条原则转化为可操作性评价福利的方法，来分析物质产品满足人的需要或使人产生幸福的效用及贡献程度。如阿马蒂亚·森提出，人的需要的满足达成是通过市场中所能提供的选择空间、选择余地来表达，并通过消费的商品向度来测量，福利实际上等同于人们的富裕程度、实际收入和消费层次。

---

① 多亚尔，高夫. 人的需要理论 [M]. 汪淳波，等，译. 北京：商务印书馆，2008：2.

此外，美国经济学家罗斯托也指出，当一个国家或地区迈入成熟阶段或大众消费的时代，这时候社会福利和社会保障方面的资源配置就依靠通过政治程序与国家的力量来保证，"用国家的力量……来实现个人的和社会的目标（包括增加闲暇时间），这些目标是不太坏的自由市场制度所不能实现的"①。因此，一个国家的市场经济制度的价值指向、市场经济体制机制的健全完善，以及其政治制度、社会制度、文化制度等建设的现代化水平，对于满足民众高层次、高品质物质生活需要以及精神生活层面的需要，是至关重要的。

（二）马克思主义政治经济学：需要是具体的、历史的

马克思主义政治经济学对人的需要理论的阐释，是从对人的属性探究及人类社会历史发展的进程出发的。特别是马克思立足于人的社会属性视角，揭示了人的需要与人类社会历史发展之间的关系，并指出了最终要实现人的自由全面发展。应该说，人的需要理论是马克思主义政治经济学的核心范畴。马克思、恩格斯关于人的需要理论的论述，科学阐明了需要的产生、类型、属性、目的和条件等一系列基本观念与内容，并在这些基本观念和内容的基础上，形成了关于人的需要理论的科学体系。从需要产生的形成及发展角度来看，人的需要与人类社会历史的两个前提是互为前提、互为条件、互为促进的。

1. 人的需要是社会存续的条件

社会生产是人的需要满足的基本条件与途径手段，人的需要不

---

① 罗斯托. 经济增长理论史［M］. 陈春良，等，译. 杭州：浙江大学出版社，2016：135.

断得以满足同时又不断扩展提升,推动社会实践与生产活动创造性地发展。这样,社会生产的能力水平如何,也就决定着人的需要内容层次、满足程度如何,即社会生产状况、劳动组织状况决定着人的需要的状况。同样,人的需要状况也反映着社会生产的水平状况,也体现着现实社会关系的状况。由于"人的本质并不是单个人所固有的抽象物。在其现实性上,它是一切社会关系的总和"①,并且"人的本质是人的真正的社会联系"②,人的需要的内容范畴、层次水平是受到社会关系状况制约的,同时,马克思认为,社会不是简单地由个人构成的,而"是表示这些个人彼此发生的那些联系和关系的总和"③,也就是说,人的需要及其满足状况就像一面镜子,反映出社会关系的状况。所以,当人的需要具有"利己"和"占有"的性质时,它也就反映出社会关系的狭隘性质;而当人的需要能充分表现人的本质力量时,它也能反映出社会关系的属人性质。

"全部人类历史的第一个前提无疑是有生命的个人的存在。因此,第一个需要确认的事实就是这些个人的肉体组织以及由此产生的个人对其他自然的关系。任何历史记载都应当从这些自然基础以及它们在历史进程中由于人们的活动而发生的变更出发"④,因此马克思指出,"一切人类存在的第一个前提,也就是一切历史的第一个前提,这个前提是:人们为了能够'创造历史',必须能够生活。但是为了生活,首先就需要吃喝住穿以及其他一些东西。因此第一个

---

① 马克思恩格斯选集:第1卷 [M]. 北京:人民出版社,1995:25.
② 马克思. 1844年经济学哲学手稿 [M]. 北京:人民出版社,2004:170.
③ 马克思恩格斯选集:第4卷 [M]. 北京:人民出版社,1995:532.
④ 马克思恩格斯选集:第1卷 [M]. 北京:人民出版社,1995:67.

历史活动就是生产满足这些需要的资料，即生产物质生活本身"①。关于人类社会历史的第二个前提，马克思主义认为也是围绕人的需要展开的，马克思指出，"已经得到满足的第一个需要本身，满足需要的活动和已经获得为满足需要而用的工具又引起新的需要"②。从以上的文本分析来看，马克思把满足人类最基本生存需求的衣食住行等称为"第一需要"，"第一需要"满足后会产生"新的需要"，正是需要的这种不断变化才成了人类社会历史发展的前提。马斯洛的需要层次理论也正是在马克思这个需要理论基础上，提出了"基本的需要"和"非基本的需要"结构层次理论，并系统地阐述了生理需要、安全需要、社交需要、尊重需要和自我实现需要的递进规律与逻辑关系。

历史唯物主义观点坚持人民群众是历史的推动者，是创造历史，推动历史向前发展的基本力量。需要和生产是一对矛盾，而需要作为矛盾体的一方，其变化必然会引起社会主要矛盾的变化和发展。马克思说，"没有需要，也就没有生产"③。可见，生产是为了满足需要服务，生产的根本原因是社会的需要。社会生产决定人的需要内容与层次，同时，社会生产也创造着、引领着需要的内容。因为，社会生产出的产品最终是要被人们所享有的。生产力的水平越高，生产出的产品会更加精细，产品的质量也就会越高，也就会更多地满足人们的需要。同理，人的需要促进生产，并激发社会生产力的

---

① 马克思恩格斯选集：第1卷 [M]. 北京：人民出版社，1995：79.
② 马克思恩格斯选集：第1卷 [M]. 北京：人民出版社，1995：79.
③ 马克思. 1844年经济学哲学手稿 [M]. 北京：人民出版社，2004：102.

发展，从而推动生产力、生产关系的革新与发展。正是在社会生产与人的需要的相互刺激、相互推动的过程中，促进了整个社会的不断变化和发展。正如马克思所说："必要劳动将会扩大自己的范围。一方面，是因为工人的生活条件日益丰富，他们的生活需求日益增长。另一方面，是因为现在的剩余劳动的一部分将会列入必要劳动。"①

2. 人的需要价值指向是人性的完美回归

人性（包括人的本质）在很大程度上是后天形成的、是由具体的社会实践决定的。但人性是有先天的自然基础的，即与生俱来的生理机能及特征。如人有趋利避害的天性、利益获取的本性以及思考运算的大脑、感受客观存在的五官、从事生产劳动的四肢等。这些与动物同样的生理特征都是先天的，即遗传性的，也符合"饥饿是自然的需要"②的规律。马克思指出："吃、喝、生殖等，固然也是真正的人的机能。但是，如果加以抽象，使这些机能脱离人的其他活动领域并成为最后的和唯一的终极目的，那它们就是动物的机能。"③这些遗传性的机能功能，通过一定社会关系中的实践活动升华，产生了现实的，区别于其他一切动物的根本属性，即人性。因此，同一种需要被人的社会性改造后，便具有了人的属性，就像"饥饿总是饥饿，但是用刀叉吃熟肉来解除的饥饿不同于用手、指甲和牙齿啃生肉来解除的饥饿"④。同时，具体的人性连同具体的人的

---

① 马克思恩格斯文集：第1卷［M］. 北京：人民出版社，2009：254.
② 马克思. 1844年经济学哲学手稿［M］. 北京：人民出版社，2004：106.
③ 马克思. 1844年经济学哲学手稿［M］. 北京：人民出版社，2004：55.
④ 马克思恩格斯全集：第46卷上［M］. 北京：人民出版社，1979：29.

本质在具体的社会中都是各有差异的，正如马克思所指出的："总之，应当看到，工人和资本家同样苦恼，工人是为他的生存而苦恼，资本家则是为他的死钱财的赢利而苦恼。"① 人都有伦理道德行为，这是人性，但不同的阶级有不同的阶级伦理道德观念，这是阶级性。因此，马克思指出，"是历史的差别，而不是基于事物本质的差别"②。

由此，我们可以得出，人性就是人的需要的社会化、理性化展现。这里的社会化是指具体的、历史的需要；理性化是指全面的、合理的需要。马克思指出，"动物的生产是片面的，而人的生产是全面的；动物只是在直接的需要支配下生产，而人甚至不受肉体需要的影响也进行生产，并且只有不受这种需要的影响才能进行真正的生产"③，又如，"国民经济学家，把从你生命和人性中夺去的一切，全用货币和财富补偿给你"④。那么，"人性中夺去的一切"应该指的是人的需要的片面化、扭曲化，正因为如此，才出现了人性的缺陷。可见，人的需要的社会化、理性化与人的本质构成了内容和形式的辩证统一，外化为人的本质力量，即推动人与社会发展的主体力量。

马克思认为，人的需要的完善发展，是人性的复归，"在社会主义的前提下，人的需要的丰富性"⑤ 是人的本质的新的充实。人性的复归即人的自由全面发展，这是社会主义的最终目的，也是美好

---

① 马克思恩格斯全集：第46卷上 [M]. 北京：人民出版社，1979：9.
② 马克思恩格斯全集：第46卷上 [M]. 北京：人民出版社，1979：68.
③ 马克思恩格斯全集：第46卷上 [M]. 北京：人民出版社，1979：58.
④ 马克思恩格斯全集：第46卷上 [M]. 北京：人民出版社，1979：123.
⑤ 马克思恩格斯全集：第46卷上 [M]. 北京：人民出版社，1979：120.

生活的现实体现和价值取向。当前，中华民族伟大复兴已进入不可逆转的历史进程，正奋力迈进第二个百年奋斗目标，特别是全体人民的共同富裕不断推进，为人的全面发展提供了坚实的物质条件与精神支撑。但富裕生活不完全等于美好生活，只有彰显思想认知及精神追求的富裕生活，才能不断推进人性的完美复归，促进人的自由全面发展。

第二节 美好生活的生成机理

人类社会的发展就是在人们不断追求自身需要满足与发展的推动下，通过各种创造性的实践活动改造世界，建立各种能够满足自身需要、提升需要水平的生活条件和环境，不断实现自身的发展和完善，从而不断提高生活品质，创造更加美好生活的过程，这样一个追求和创造美好生活的过程体现为一个不断上升、前进的发展过程。人的需要是人类社会的基础，并贯穿于人类社会的始终及生产生活的方方面面，也贯穿人的一生。人的需要的状况也直接反映着人的生活状况，并在这种状况中产生对美好生活的追求与践行。即不断满足人合理的需要并实现人需要的合理有机统一。

一、需要的满足

人的需要存在于人类社会的始终，渗透于社会生产生活的方方面面。如何使人的需要得以满足并不断提升呢？显然，首先是社会生产力的推动与发展。马克思主义经典作家十分重视社会生产力的发展，在《共产党宣言》中，马克思和恩格斯就明确指出，未来社会要"尽可能快地增加生产力的总量"①。只有社会财富充分涌流，才能奠定满足人的需要的坚实物质基础，在生存的基础上不断提升需要层次，推进社会进步、人的自由全面发展。那么，在既定的社会生产力水平下，如何建立满足人的需要的有效社会体制机制呢？在经济领域，这就涉及如何保障经济活动的良性运行，进而促进生产力的发展，建立起生产与需要之间的有机互动关系，从而解决社会生产和满足人的需要不断适应这一重要问题。

（一）需要是社会发展的主体动力

马克思指出，"人的每一种本质活动和特性，每一种生活本能都会成为一种需要"②。从心理学上讲，需要是人客观存在的一种匮乏而必需的摄取状态，是个体和社会生存与发展的客观依据，也是个体与社会之所以产生各种积极形式的源泉。作为具体的个体主体，需要则是指维持生存、延续种族和参加社会生活的客观条件在人头脑中的意识与反映，以及由此而产生的一种欲望与需求的状态。

那么，从哲学的意义上讲，人的需要则是指主体对物质生活条件、精神生活条件内在的、自觉的指向。所以，从需要的层面来看，人与动物存在着本质的区别。首先，动物维持生存、延续的需要完全是生理本能的一种无意识的、内在的驱动，而人的需要则更多更

---

① 马克思恩格斯文集：第2卷[M]. 北京：人民出版社，2009：52.
② 马克思恩格斯文集：第2卷[M]. 北京：人民出版社，2009：153.

主要的是对维系自身生存、延续、发展的主客观对象，有目的有意识的欲望与追求，是一种自觉的并带有价值评判或偏好认知的摄取倾向；其次，动物的自然生理需要通过本能活动来满足并永远不会超出与其生命形成直接相关的范围，这也是动物生命得以延续并维持自然界生态平衡的内在原因。而且人的需要不仅是超乎生存之外的，还是突破了客观存在的。可见，在没有人为干预的情况下，动物需要的对象或客体是永远指向自然物，而人的需要是远远突破这种局限的。

同时，作为类存在物的人是通过自觉的能动性，积极地改造自然的生产活动来满足生存发展的需要，并在各种实践的基础上不断丰富和发展需要的内容与形式。人的需要不仅极大地超越了动物的自然生理需要，具有动物不具有的广阔的内容和属性，同时，也有着人的需要形式的独特性。如人虽然也以食充饥，"但是用刀叉吃熟肉来解除的饥饿不同于用手、指甲和牙齿啃生肉来解除的饥饿"①。

人对需要满足的追求是人类生命活动及社会进步发展的内在动力，这种内在动力综合体现为人的生命力。生命力的延续及效能发挥既是需要的一种外在表现，又是需要实现的结果，正如马克思所指出的，"生命是蛋白体的存在方式，这个存在方式的本质契机在于和它周围的外部自然界的不断的物质交换"②。从生命科学的意义上看，人通过生命机体的同化作用，把摄取的外界自然物质转化为自身建构、延续和发展所需的物质与能量，并通过生命机体的异化作

---

① 马克思恩格斯全集：第46卷上 [M]. 北京：人民出版社，1979：29.
② 恩格斯. 自然辩证法 [M]. 北京：人民出版社，1984：284.

用排泄于自身建构、延续和发展无关的、已释放能量的物质，在新陈代谢过程中实现需要的动态提升。因此，在自然发展过程中，人为了生命的维持和再生产的需要，必须不断地从事生产劳动。如马克思所说，"为了生活，首先就需要衣、食、住以及其他东西"，"同时这也是人们仅仅为了能够生活就必须每日每时都要进行的一种历史活动"①。

需要是人类一切社会实践和经济活动的根本动机。人类最初的生产活动都是为满足这些需要而进行物质资料生产，简单地说，人类最初的活动都是由生存需要推动的。人类活动的最初目的也是为了满足人体生理的需要，人作为自然存在物，个体的需要是必须的，也是必然的，没有需要便没有生命和人的一切活动。人的需要被人意识到并以动机的形式表现出来。在社会主义国家，满足劳动者的需要则是发展生产的内在动力。为满足人们不断增长的物质文化生活的需要，就要改变生产结构、生产方式和生产方法，不断增加产品数量、品种、规格，提高产品质量。这就会促进科学技术的发展，促进新的生产部门的出现和生产技术的改进，最终促进生产力的不断发展。

需要是人类追求幸福、社会实现发展、人性不断完善的动因。人是有思想、有激情的理性存在物，追求丰富多彩、文明高雅的精神生活是其本质所在。概括地说，人的需要总体上包含生存需要、享受需要和发展需要，并随着需要的层次提升而不断发展。生存需要是最基础的需要，因为"人的需要中最基本的、最强烈的、最明

---

① 马克思恩格斯选集：第1卷[M]．北京：人民出版社，1995：22.

显的一种，就是对生存的需求"①。它体现为维持自身生命存在的欲望和要求，其内容主要是围绕人的衣食住行展开，如维持主体生命延续与活动的生理和生活需要，为了保障生命健康不受侵害的安全需要，为了广泛交往的社会环境需要，以及为了繁衍后代的两性关系需要等。因而，生存需要是进行社会实践活动的最基本、最强大的动力。生存需要得到一定程度满足的保障后，就会产生出享受需要。享受需要展现为不断改善提升自己的衣食住行等生存条件，以使自己的生活能够实现较为舒适愉悦的欲望和要求。

享受需要是一种生活质量的达成状态，是人对舒适的物质生活和愉悦的精神生活的权变需求，具有一定的边际效应。享受需要是在物质和精神财富相对丰富的条件下，人们追求物质生活充裕、精神生活的彰显。如注重饮食的品质健康、服饰的得体大方、居住的安逸舒适、家人的陪伴守护、空闲的娱乐活动。关系的和谐友善、知识的感悟习得、自我的提升发展等。享受需要的内在意蕴是人达成劳动与快乐的统一，表明人能够以审美的视角看待生活，更多发现、感悟现实世界的美。正是在这种生存需要相对满足的基础上产生的享受需要，提升着人类物质生产的品质和精神生产的境界。

发展需要则是人追求充分挖掘个体天赋、发挥自己智慧、展现自身才能、达成人生目标、实现自我价值的渴望和追求，是人的需要的最高层次。发展需要在个体主体方面主要体现为以智力和体力达到自我人格的完善，实现全面发展；而发展需要在社会群体方面

---

① 戈布尔. 第三思潮：马斯洛心理学 [M]. 吕明，译. 上海：上海译文出版社，1987: 40.

的主要体现,则是每个人能够发挥创造潜能和实现人的价值,把为整个社会、全人类的共同事业进行有创造性的实践活动,视作自己的义务,并把个人的全面发展与社会的全面发展有机统一起来。对此,马克思指出,"每个人的自由发展是一切人自由发展的条件"[①]。

(二) 需要的满足依赖具体的生产方式

马克思认为,人类历史的第一个事实是人类的存在,第二个事实是人的需要,第三个事实是人的需要与自然界的必然矛盾,第四个事实是矛盾的必然产物——生产,第五个事实是生产的一定方式,即一定的生产力和生产关系的统一。关于这几个事实的论述是唯物史观的基本观点,由此,我们也可以推导出,人的需要只有在一定的生产方式中,才能得以不断产生并不断得到满足的结论。

首先,生产力是满足人类生存、延续、发展需要的能力。马克思主义认为,生产力是改造自然界并获取生产资料与生活资料的能力,可见,生产力是人类在需要的驱使下,同自然界作斗争的生产实践中产生、形成与发展的。因此,如果没有人的需要,没有人的需要同自然供给之间的矛盾,就不会有人类的劳动创造活动,也就谈不上生产力。由此可见,生产力归根到底体现的是满足人的需要的能力。不管以何种形式离开人的需要,生产力都失去了根据,既不会形成,也不能存在,更谈不上什么发展。人类不断推动生产力的发展,也正是为了不断满足自身的需要、改善自身生活的条件,不断增强人的自由全面发展的物质基础保障。生产力水平的高低标

---

① 马克思恩格斯选集:第1卷 [M].北京:人民出版社,1995:273.

志着人类或人类某个群体开发利用自然界来服务、满足自身需要的程度，即人类或人类某个群体在多大程度上已经不再是自然界的奴隶而成为自然界的主人。同样，社会生产组织形式以及生产效率作为生产力发展水平的标志，也是在人的需要的基础上得以生成的，并在人的需要的推动下不断向前发展着。所以，离开了人的需要，人类就不会同自然界打交道，社会生产组织形式以及生产效率也就没有了存在的必要；离开了人的需要，层次不断递进；离开了人的需要，与自然界供给之间矛盾对立面的不断升级，生产形式及效率也失去了发展的内在动力。

其次，生产关系是人类满足自身需要的社会组织形式保障。生产力满足人的需要效用的发挥，总是在一定的社会生产组织形式即生产关系中实现的。一方面，人类或人类某个群体在运用生产力向自然界索取原料并转化为需要的客体时，必然是在一定的社会组织中进行的。人类或人类某个群体的生产组织方式也是他们满足自身需要的社会方式，即生产力的存在形式。另一方面，人类或人类某个群体从自然界获得的需要客体在满足自身需要之前，必然经过一个社会运动——分配过程。这个分配过程是受一定的社会结构制约的，这个社会结构与他们生产劳动时的社会组织是同一的，分配方式从来就是与物质资料占有方式相一致的。虽然同样是人类满足自身需要的社会方式，不过，这不是在需要对象的获得中，而是在获得后人们如何满足自己的方式，所以，生产关系的公平是人类或人类某个群体满足自身需要的组织保障。

可见，人类或人类某个群体推动生产力发展，提高社会生产效率是在一定的社会组织形式中，一定的生产关系中实现的。离开人与人的关系、人与社会的关系、人与自然的关系，这种社会组织形式也就无从发生。通过发展生产、提高效率而产出的物质资料或劳动产品，在没有被分配之前，对每个社会成员来说只是一种潜在的满足需要的对象，只有在它们被公正合理地分配到每一个社会成员手中之后，才会成为现实的、直接的消费对象。因此，公平对于人的需要的满足、人的幸福也是不可缺少的，它是人的需要满足的组织形式。①

对此，恩格斯在《反杜林论》中对未来社会的生产组织形式提出了设想，他指出，生产资料由社会占有，并以直接社会化的形式应用于生产，劳动一开始就成为直接的社会劳动，因此，"在这种情况下，社会也必须知道，每一种消费品的生产需要多少劳动。它必须按照生产资料来安排生产计划，这里特别是劳动力也要考虑在内。各种消费品的效用……最后决定这一计划。人们可以非常简单地处理这一切，而不需要著名的'价值'插手其间"②。列宁在《国家与革命》中提出进一步的设想，在人类或人类某个群体进入共产主义社会的第一阶段，通过计算和监督可以把社会生产与消费组织得非常好，他指出，"对这些事情的计算和监督已被资本主义简化到了极点，而成为一种非常简单、任何一个识字的人都能胜任的监督和登记的手续，只是算算加减乘除和发发有关的字据的手续"③。但社会主义的实践证明，通过政府部门计划来发现和满足人民群众的需要

---

① 夏兆敢，舒红跃. 公平、效率与人的需要 [J]. 理论月刊，2008, 8 (8): 25-27.
② 马克思恩格斯文集：第9卷 [M]. 北京：人民出版社，2009: 327.
③ 列宁专题文集·论社会主义 [M]. 北京：人民出版社，2009: 41.

并直接组织安排社会生产，并不能实现社会生产与人民需要的有效衔接，因为这样的方式组织安排社会生产难以科学准确、真实有效把握人民需要的相关信息及偏好倾向。可见，市场机制则能更真实准确地显示和发现人民现实与潜在需要，并把它转化为市场讯号，进而引导社会资源合理配置，组织社会生产以满足人们需要的比较有效的途径和手段。

二、需要的合理性与正当性

正义作为一种道德理想，是人类社会共有的追求，而作为一种社会原则它又有着自身的社会性、历史性、具体性，并有着不同标准与指向。人们的道德直觉很容易就把"需要"视为正义的内在要求，但是"需要"要成为社会正义原则必须做出理论说明甚至是理论建构。社会正义原则是社会基本结构划分利益和决定社会合作方式的原则，"应当看到，工人和资本家同样苦恼，工人是为他的生存而苦恼，资本家则是为他的死钱财的赢利而苦恼"[①]，"工资的提高在工人身上激起资本家那样的发财欲望"[②]。因此，我们首先面对的理论问题是"需要"在何种意义上是社会正义原则，在马克思对"需要"简单清晰地描述中就已经发现了问题的存在，即"需要"自身面临的理论问题。但是，一个不容置疑的客观事实是，"需要"渗透于人类社会之中，无时无处不存在，并且现实生活中的"需要"已经超越一切意识形态而成为真实的理论问题和实践问题，特别是

---

① 马克思. 1844年经济学哲学手稿[M]. 北京：人民出版社，2004：9.
② 马克思. 1844年经济学哲学手稿[M]. 北京：人民出版社，2004：11.

人的基本需要，不是一切意识形态终结之后才有条件谈论的。

（一）需要合理是价值追求的内在尺度

在人的需要认知问题上，只有坚持马克思主义的基本观点，才能科学把握它的价值意蕴。人的需要同样是一个矛盾体，有着多重复杂的矛盾关系，其中包含着需要的合理层面与不合理层面的对立关系。人的需要合理与不合理关系，在社会现实层面表现为人与人、人与社会、人与自然的关系，并且影响着人的生活的幸福与美好。所谓"需要合理"是指其满足能促进人和人类社会生存、发展及完善，而那些对人和人类社会起阻碍与破坏作用的需要则是不合理的。因此，把握人的需要必须要解决一个关于价值的问题。

什么是价值？价值是一个具有普遍意义的关系范畴，它体现的是人的活动中的主客体统一状态。哲学上讲的价值指的是以主体的内在尺度为特征的主客体关系。在这一关系中，客体是否按照主体的尺度满足主体需要，是否对主体的生存、发展和完善具有肯定积极的作用。关系客观存在并实现效用发挥是价值在人的生活中的表现，从这种意义上讲，价值就是客体对主体需要的肯定关系及满足，是客体属性价值化过程及其结果。因此，价值的本质在于主体性和客体性的统一，主体需要和客体属性的统一。从客体方面来看，客体的主体属性、效用功能是价值的物质承担者，是主客体之间形成价值关系的客观基础。

客体的存在是价值关系产生存在的被动性条件，但没有客体的存在也就没有价值，而且价值的质的种类和量的程度，在很大程度上直接取决于价值客体的内容。同时，客体及其属性本身并不能直接转化为价值，即客体的价值性具有主体依附性，没有与人的需要构成对象性关系而自在存在的事物和属性，客体只是潜在的、尚未价值化的东西，这种自在的存在物便无所谓价值，社会也无法评估或确定它有何价值。同样，从主体方面来看，主体及其需求动机是价值生成的主动性前提或驱动力，也就是说，没有主体和主体实现需求的活动就不可能有任何价值、价值关系的产生与存在。但同时，主体的需要本身及其实现活动也不称为"价值"，主体需要固然是引起实现或满足这种主体需要欲望的根源，但需要的满足却不能停留在主体本身，而只能超出主体，由主体之外的客体来承载和体现。

从主体与客体二者统一的角度来看，价值的产生形成是主体需要对象化的结果。由于主体与客体作为矛盾的两个方面总是不可分离的，因而价值的本质既不仅仅是由主体和主体的需要决定的，也不仅仅是由客体和客体的属性决定的，而是由主体需要和客体属性二者的结合统一决定的。而在二者的结合统一中，主导的方面是主体需要。因为，从价值主客体矛盾关系的两个方面来看，主体需要是主动的，客体属性是被动的，主体不仅可以在意识、在观念上要求客体属性与主体需要相适合、相一致，而且在自身实现需求的活动中已经实际地把客体属性与主体需要统一起来。可见，主体的需要是主体和客体矛盾关系中的主要方面，是主体实现需求的重点、出发点和落脚点。

价值是在客体满足主体需要的过程中生成、发展、创造和实现的，这个过程称为"价值活动"。可以说。价值活动是联系价值客体和价值主体的中介,因而价值活动自身要受到两个方面的制约:一是客体的规律,二是主体的需要。客体规律和主体需要是人类价值活动的两种尺度,人类正是遵循客体的规律和主体的需要这样两种尺度去创造与追求价值的。马克思曾经指出,"动物只是按照它所属的那个种的尺度和需要来建造,而人却懂得怎样处处都把内在的尺度运用到对象上去;因此,人也按照美的规律来建造"①。在这里,马克思十分明确地提出了人的活动与动物活动在尺度方面的不同。动物的活动只有一个它所属的物种的尺度,即自然本能活动的尺度。而人的活动都不受自身物种的限制,它能够"按照任何一个种的尺度"进行生产,不论何种事物,人只要掌握了它的本质特征和内在规律,就能够把它生产出来。

不仅如此,人类价值活动还要遵循一个"内在的尺度",即主体对客体需要的尺度。这种"内在的尺度"是人类按照自己的需要进行的,主要包括三个层面:一是"美的尺度",二是"种的尺度",三是"内在尺度"。首先,人类价值活动按照物的"种的尺度"在于求真,体现为活动的合规律性;其次,人类价值活动按照人的"内在尺度"在于向善,体现为活动的合需要目的性;最后,人类价值活动按照主体的"美的尺度"在于爱美,体现为主体需要按照"美的规律"活动,对客体"也按照美的规律来建造",实现价值活动的合规律性、合需要目的性的统一。可见,求真、向善与爱美,既是人类价值活动必须遵循的根本尺度,也是人类价值活动的理想目标。

---

① 马克思恩格斯全集:第42卷[M].北京:人民出版社,1976:97.

当然，在社会现实生活中达到价值活动的理想境界，是一个主客观条件提升且长期的过程。具体到我国人民群众的现实生活之中，由于人们生活的地理区域不同，受制约的生产力水平及社会关系不同，个人的文化思想素质等不同，加之国家对外开放的大门越来越大，受西方资本主义的价值观念及生活方式、文化思潮等影响，在价值活动中存在很大差异。从价值活动的实质上看，当前存在积极与消极、先进与落后两种不同类型和两种不同性质的价值观念。虽然，社会主义核心价值观已深入人心，真、善、美的价值活动成为人们满足美好生活的主流，但唯利是图、金钱至上、享乐至上、个人至上的价值观念等负价值效应仍有沉渣泛起的迹象与可能。如在我国经济、政治、文化领域中出现的腐败、假冒伪劣商品、封建迷信、吸毒贩毒、卖淫嫖娼等现象，既污染社会，又腐蚀着人们的灵魂，不仅危害第二个百年奋斗目标的进程，更会直接扭曲人民美好生活的需要。因此，在价值活动问题上，必须注意给予正确的评价和引导，从价值观的根基上强化为中华民族伟大复兴更主动的精神力量。

在全面深化改革的今天，我国政治、文化、社会结构等方面不断发生新的变化，必然会带来人民价值取向的冲击。因此，培育和践行社会主义核心价值观首先要从价值取向抓起，弘扬倡导以功利、效率、公正、平等、竞争、合作等观念为主要内容的价值取向。弘扬倡导这种价值取向不仅仅是顺应社会主义市场经济的客观要求，还能从价值评价的基础上推进社会主义市场经济的建立和完善。这样，人民美好生活需要满足的正确价值取向确立，不仅能够为社会转型期中的经济、政治和文化的建设注入巨大而持久的活力，而且将在推动经济社会发展的同时促进人的自由全面发展和人性道德的完善复归。同样的道理，若拜金主义、利己主义等消极价值取向占据主导的话，将与我国的社会主义制度和马克思主义意识形态以及我国历史和国情背道而驰，葬送的不仅是中国特色社会主义事业，更是新时代人民群众的美好生活。

任何一个民族、国家都需要有一个统一的价值观念，才不至于造成思想混乱，才能凝聚起民族、全体人民的共同理想、信念、精神力量，形成民族振兴、国家富强的一种更基本、更深沉、更持久的力量。我们要建设有中国特色的社会主义的伟大事业，实现中华民族伟大复兴，需要的是全体人民齐心协力，团结奋斗，需要有正确有效的价值观导向，相对地统一系统的价值观。可见，坚持正确价值导向，确立正确价值观是一个民族、一个国家不断强大的根基。正确价值观是社会主义核心价值观的整体表述，是适应于社会主义市场经济以及改革开放的新的价值观念，是符合社会主义本质要求和某些合理的传统价值观念。在全面建设社会主义现代化阶段，毋庸置疑的是，集体主义价值观仍然是价值导向的主要内容之一，它既是中国传统特色，也是社会主义的本质要求，又与社会主义市场经济相互促进，相辅相成，有着本质上和目标上的一致性。

当然，集体主义的具体内涵也是一个历史范畴，在人类社会不同的历史发展阶段，它赖以形成产生的社会历史背景不同，人们对集体主义的情感认知、心理接受也不尽相同。社会主义的集体主义价值观，具有人类社会新阶段的内涵。首先，马克思主义认为集体主义的"集体"是"真实的集体"而不是"虚假的集体"或"抽象的集体",真实的集体应保障每个人在其中得到自由全面的发展;其次,社会主义制度下的集体主义并不排斥个人的正当合理的利益诉求,但主张要从根本、长远及总体上满足大多数人的利益诉求;再次,马克思主义强调,在集体和个人的利益发生冲突时,要求首先满足和服从集体利益,以集体利益实现为个体利益实现提供保证;最后,在实践层面上,集体主义表现为多样的层次性,并包含至少三个层次:一是不损公,不害人;二是公私兼顾,先公后私;三是公而忘私,大公无私。因此,如果一个民族、一个国家接受并遵循集体主义的价值观念,那么,人民实践真、善、美的价值境界就具有了现实可能性。

（二）需要合理的理想境界是真、善、美的有机统一

什么是真、善、美？所谓"真",一般指的是认知、知识、思想内容的真理性,即对客观事物及其规律的正确反映,是主体认识客体的一种理想。"真"的本质在于合规律性,也就是主观符合客观,主体和客体在观念上达到统一。所谓"善",一般指的是在社会实践中,人们的行为及其结果符合人的目的和意愿,满足了人的需要。它是人们"对外部现实性的要求",也是以主体的"内在固有尺度"来改造客体,使客体满足主体的需要,带来现实的利益。在这个意义上,"善"的本质在于合目的性,是主体改造客体的一种理想。它说明客体已经达到或实现主体的目的和要求,通过实践,在现实的形态上达到主体和客体的统一。所谓"美",一般指的是人们运用客

观规律，在改造客观世界的活动中，使自己的能动创造作用得以实现，成为现实的对象化的成果。这就是说，在社会实践中，人们创造出与自身需求相一致的，凝结着人的智慧、才能和力量的，并引起主体愉悦感的感性具体形式，因此唤起人的审美。实质上，"美"是一种客体主体化的对象，既是客观世界本质和规律的具体表现，又是人的有目的、有意识能动创造的结果；同时，作为人的一种主观的体验和感受，"美"是客观对象迎合或满足了主体的审美需要，使主体产生了依据自身需求与偏好所引起的愉悦，得到深层次、全面的精神心理上的满足。因此，"美"的本质在于既合规律性又合目的性，并在"真"与"善"的基础上，在审美活动中达到主客体的高度统一，标志着主体在主客体互动关系中一种自由的体验与境界。

在人类社会的现实经济生活中，人的需要构成人的利益诉求，需要的满足也就是利益诉求的实现。因此，利益诉求是构成经济活动持续发展的根本动力。对此，马克思曾在1842年《莱茵报》上发表《第六届莱茵省议会的辩论》一文，该文章一针见血地指出，"人们为之奋斗的一切，都同他们的利益有关"[①]。在市场经济活动中，资源的流动和动态配置主要是由利益来驱动的，利益则构成市场机制运转、价值规律作用发挥的根本内因。判断一个市场制度或市场体制机制的好坏，从根本上说，就是要看这个制度或体制是否能在既定的社会生产力条件下，有效地满足人的需要，较为充分地释放人的利益诉求，同时也能够较好地协调人与人之间的利益关系。只有那些能够满足人的现实需要、实现人的现实利益并能协调好人

---

① 马克思恩格斯全集：第1卷[M]．北京：人民出版社，1972：187．

与人之间利益关系的市场制度或市场体制机制，才会不断地促进生产力的发展，也才会实现制度及其体制机制持久地有效运行。同时，马斯洛的需要层次理论也表明，人的相对低一层次的需求基本满足了，就会向相对高一层次的需求发展，追求更高层次的需求就成为其采取行动的动机、做出活动的动力。但值得注意的是，现实生活中的人们在追求更高层次需求的同时，其相对低层次的需求依然存在，只是这些需求对人的动机及行为的激发程度降低了。从马斯洛研究的结论来看，其本质上与马克思揭示的人的需要的基本观点，在理论逻辑、内容体系上是相吻合的。

第三节 美好生活的共性

从人类社会发展历史来看，美好生活是一个具有相对意义的概念，它既是抽象的，又是具体的，既取决于社会现实条件及参照标准等客体性因素，又受制于人的认知体验、偏好倾向等主体性因素。

一、美好生活的物质性

人是生活在社会之中的人，并以保持自身生存、发展的实践活动凝结为社会的内在力量与矛盾规律。马克思主义认为，整个人类社会历史的发展进程，是不断提出并解决一定历史任务的进程。一定历史任务是社会矛盾运动客观发展的必然结果，其实质是人的需要不断扩展提升而带来的解决需求满足的问题。同时，人必须先解决吃、喝、住、穿等生存问题，然后才能从事政治、科学、艺术、宗教等。所以，直接的物质生活资料生产，便构成一个民族或一个时代一定的经济发展基础。人的国家、权力、法律等观点以及艺术、价值、宗教等观念，就是从这个基础上发展起来的。正是基于这个社会事实，亚里士多德指出，过哲学生活的人应该是中产阶级。

（一）美好生活是客观的、属人的生活

马克思主义认为，人们通过实践创造出的现存世界，是具有客观性、实践性社会现实生活的总和。马克思指出，"周围的感性世界绝不是某种开天辟地以来就直接存在的、始终如一的东西，而是工业和社会状况的产物，是历史的产物，是世世代代活动的结果"[①]，"人们的存在就是他们的实际生活过程"[②]。可见，实践即生活。人无论是作为个体还是作为共同体的"类存在物"，只有通过实践，即通过社会劳动才能创造及维持其现实生活的物质资料基础。

实践是社会现实生活条件下的具体劳动活动，具有历史性、社会性，直接体现着现实性。马克思指出，"人自身生存与在自己生活的社会生产中发生一定的、必然的、不以他们的意志为转移的关系，即同他们的物质生产力的一定发展阶段相适合的生产关系"[③]，因为"每个个人和每一代所遇到的现成的东西：生产力、资金和社会交往形式的总和"[④]。这说明，不单是实践活动，作为实践主体的人，同

---

① 马克思恩格斯选集：第1卷 [M]. 北京：人民出版社，1995：76.
② 马克思恩格斯选集：第1卷 [M]. 北京：人民出版社，1995：72.
③ 马克思恩格斯选集：第2卷 [M]. 北京：人民出版社，1995：32.
④ 马克思.1844年经济学哲学手稿 [M]. 北京：人民出版社，2004：92-93.

样受现实生活及其社会关系的制约。这也告诉我们,只有从社会现实生活基础及其客观发展的趋势出发,从自身所处的社会关系、社会角色出发,才能更好地创造出新时代的美好生活。

马克思指出,人是社会实践、社会生活的主体,并把人"内在的尺度运用于对象","按照美的规律来构造"① 现实生活。可见,现实生活是以人的需要为中心展开的,是属人的生活。这种属人性不仅表现在人的主观能动性发挥,还表现在满足主体需要的价值追求。马克思认为,生活的真谛在于人的需要不断得以满足,并产生新的需要,激发新的劳动创造来丰富满足。这种满足不仅是对于个体,更是对于"类存在物",因为只有共同体的需要才是推动社会生活向前发展的直接力量。由此,新时代我国社会主要矛盾转变是社会现实生活发展的必然,它体现着全体人民的共同需要,也决定了新时代美好生活必定是以人为本的,必定走共同富裕的道路。

(二)需要满足的物质基础

在《1844年经济学哲学手稿》中,马克思分析了人的肉体需要、自然需要、社会需要、交往需要、文明需要等由人的自然属性、思维属性、社会属性产生的多种多样的需要。从总体上看,人的需要大致可以分为三大类型,即生存需要、享受需要和自由全面发展需要。

生存需要是人作为生命有机体最原始、最基本、最低层次的内在需要,它是人的其他需要产生的自然基础。在社会经济生活中,

---

① 马克思. 1844年经济学哲学手稿[M]. 北京:人民出版社,2004:58.

生存需要是社会必要劳动的分界线,也是剩余劳动和财富积累的起跑线。马克思在《德意志意识形态》中指出,"一切人类生存的第一个前提,也就是一切历史的第一个前提,这个前提就是:人们为了能够'创造历史',必须能够生活。但是为了生活,首先就需要吃喝住穿以及其他一些东西"①。这就阐明了生存需要在人的需要中的基础地位,它是经济社会发展处于较低级阶段的基本需要形态,并贯穿人类社会发展始终,是任何一个社会都必须首先面对和加以解决的基本需求。

享受需要是一种追求高质量、高品质生活的诉求。如果把人的生活看作物质生活和精神生活的话,享受需要就是人们在满足高品质物质生活需求的同时,产生一定水平的内心精神生活需求。高品质物质生活体现为人们享受物质生活资料范围、内容的扩大及客体属性品质的提高。精神生活内涵比较广泛,不仅包括文化艺术、科学研究等方面,还包括社会交往、政治权利等方面的精神诉求和活动,它是物质需要满足到一定程度以后自然发展起来的必然结果。享受需要的满足,特别是体现在精神生活需要的满足,要以社会生产力发展到一定程度,尤其是闲暇时间的存在和不断增加为前提。"由于给所有的人腾出了时间和创造了手段,个人会在艺术、科学等方面得到发展"②;"从整个社会来说,创造可以自由支配的时间,也就是创造产生科学、艺术等的时间"③。与此同时,随着社会生产力的发展和物质需要的满足,社会生产时间的相对重要性、迫切性

---

① 马克思恩格斯文集:第1卷 [M]. 北京:人民出版社,2009:531.
② 马克思恩格斯全集:第21卷 [M]. 北京:人民出版社,1995:101.
③ 马克思恩格斯全集:第30卷 [M]. 北京:人民出版社,1995:379.

下降了，而闲暇时间的相对重要性、价值性提高了，人们更愿意用更多的闲暇时间去替代物质资料生产时间，或者把更多时间分配到人的闲暇活动中来。

自由全面发展需要是人的最高层次的需要。自由全面的发展，就是"社会的每一个成员都能完全自由地发展和发挥他的全部才能和力量"①，也就是恩格斯所说的，"每个人的爱好都能得到满足，每个人都能做自己愿意做的事情"②。人的自由全面发展，首先，人的才能、特长、爱好等自身特质得以全面发展。马克思在描绘未来社会人的自由全面发展时指出，"任何人都没有特殊的活动范围，而是都可以在任何部门内发展……我有可能随自己的兴趣今天干这事，明天干那事，上午打猎，下午捕鱼，傍晚从事畜牧，晚饭后从事批判，这样就不会使我老是一个猎人、渔夫、牧人或批判者"③。其次，社会为每个人提供了许许多多选择机会和充分宽裕的流动性，人们在职业、消费、居住地等经济生活领域可以自由选择。最后，人们在精神生活领域能够放飞自我、完善自我，在自由王国中探索未知，在政治、文化等社会生活领域，追求理想价值和实现人生目标。

综上所述，马克思关于人的需要的类型及层次划分，体现了需要具有的递进性和发展性，但同时也表明了无论是生存需要，还是享受需要和自由全面发展需要，都离不开物质基础的保障。同样，在全面建设社会主义现代化的征程上，不断实现新时代美好生活的

---

① 马克思恩格斯全集：第 42 卷 [M]．北京：人民出版社，1979：373．
② 马克思恩格斯全集：第 1 卷 [M]．北京：人民出版社，1972：578．
③ 马克思恩格斯全集：第 1 卷 [M]．北京：人民出版社，1972：537．

基础在于国家的经济发展,在于社会的全面进步,始终不渝坚持以人民为中心,在发展的基础上重点解决不平衡不充分问题。

二、美好生活的精神性

人是一种自身超越性的存在物,是一种有理想、有信仰的存在物。理想和信仰不仅是人能够生存发展的可能性空间,而且是人的精神家园,并解决着人的情感心灵、生命意义的指向及归宿问题。新时代的美好生活,不仅是富裕的物质生活,更应是一种有理想与信仰的精神生活,并展现出有方向、有动力、有激情的生活状态,积极的、乐观的、主动的生活态度,心灵宁静、灵魂有家的生活境界。当然,人的精神生活不是孤立的,更不能成为空中楼阁,它必然有物质生活的基础保障,并在此基础上享有充裕的、可自由支配的闲暇时间。

在《1861—1863年经济学手稿》中,马克思指出:"时间实际上是人的积极存在,它不仅是人的生命的尺度,而且是人的发展的空间"[1],"有'可以自由支配的时间',也就是有真正的财富,这种时间不被直接生产劳动所吸收,而是用于娱乐和休息,从而为自由活动和发展开辟广阔天地。时间是发展才能等的广阔天地"[2]。自由时间是直接劳动时间以外,供个人自主支配、自由运用、充分发展的时间,包括"个人受教育的时间,发展智力的时间,履行社会职能的时间,进行社交活动的时间,自由运用体力和智力的时间"[3]。

---

[1] 马克思恩格斯全集:第47卷[M].北京:人民出版社,1979:532.
[2] 马克思恩格斯全集:第26卷[M].北京:人民出版社,1974:281.
[3] 马克思.资本论:第1卷[M].北京:人民出版社,2004:306.

同样，人的自由全面发展不仅体现在物质生活上的高水平保障，还体现在人的价值意义实现，即体现在精神生活和政治生活领域诉求的有效达成。人的自由全面发展是人们美好生活的最高展现，这个阶段的生活，已经摆脱了物质需要和肉体需要方面的羁绊，全体人民能够自由地从事娱乐性、创造性、探索性甚至冒险性的活动，能够自由追求高质量的生态环境，能够自由追求人的价值实现。在这个生活的状态下，劳动的谋生手段与生活目的、必要时间和闲暇时间实现有机统一，人类与自然生态在更高层次上实现和谐共生，政治生活公平正义与社会生活自由、尊严实现融合统一，也就最终进入恩格斯提出的人类的"两个和解"，即"人类同自然的和解"和"人类同自身的和解"。可见，这"两个和解"离不开人类对物质资料依赖的摆脱，更离不开对精神需要的升华。

三、美好生活的社会性

人是社会存在物，离开社会就无法生存，也就失去了人的本质，可见，美好生活离不开社会性，社会性是人的需要的本质属性，也是美好生活的本质属性。人的需要受到一定社会关系的影响与制约，一定社会关系规定着人的本质。所以，人的本质与人的需要在社会关系层面具有一定的同等属性。马克思对人的本质曾做出了科学的论断，指出人的本质"在其现实性上，它是一切社会关系的总和"[1]，深刻揭示了人独特规定性的判定依据。因为人的本质是社会关系的总和，因为人的需要是历史的、具体的、现实的存在，所以，

---

[1] 马克思恩格斯选集：第1卷[M]. 北京：人民出版社，1995：25.

人必须要面对人与人、人与自然、人与社会的关系问题,并不断在动态地解决上述问题的过程中实现需要的满足与全面发展。由此,马克思主义认为,自由从来都不是个人的私事,单个人是无法达到自由的,自由的真正含义是一种社会关系和谐交互的状态。

马克思、恩格斯明确指出,只有在共同体中,个人才能获得全面发展其才能的路径,也就是说,只有在共同体的普遍自由中才可能实现个人自由。所以,人类特别是无产阶级要获得自由就必须消灭私有制,破除生产资料及社会关系附加于人的羁绊并进行整体的社会改造。同时,通向"每个人的自由发展是一切人的自由发展的条件"的联合体,既要有社会客体革命性的改造,也要有社会主体主动性的升华。正如马克思在高中毕业作文《青年在选择职业时的考虑》中所说,"如果我们选择了最能为人类而工作的职业,那么,重担就不能把我们压倒,因为这是为大家做出的牺牲;那时我们所享受的就不是可怜的、有限的、自私的乐趣,我们的幸福将属于千百万人"[1]。

同理,美好生活尽管最终体现为个人的一种生活状态,但它并不是单个人的状态,而是一种社会状态,是全体人民的美好生活,这不是单个人就可以实现的,必须依靠群体的力量,通过整体的社会进步才能实现。在这里,每个人的美好生活都是其他人美好生活的条件。这就要求新时代美好生活处理好个人需要与社会需要的关系。因此,人民日益增长的美好生活需要的真正满足,需要在发展的同时培育和践行社会主义核心价值观,加强爱国主义、集体主义、

---

[1] 马克思恩格斯全集:第4卷[M].北京:人民出版社,1972:11.

社会主义教育，引导人的需要超越"小我"、走向"大我"，把个人理想融入社会理想之中，勇敢肩负起时代赋予的重任，志存高远，脚踏实地，努力在实现中华民族伟大复兴中国梦的生动实践中放飞自己的梦想。如此，社会才能洋溢出幸福感、满足感，新时代的生活才能转化为真正的美好生活。

四、美好生活的发展性

马克思主义认为，人的需要不仅有层次之分，且层次本身的内容及层次之间的递进是不断演进发展的，并有其自身的规律。马克思指出，"已经得到满足的第一个需要本身、满足需要的活动和已经获得的为满足需要而用的工具又引起新的需要"，人的"解放"是"由历史的关系，是由工业状况、商业状况、农业状况、交往状况促成的"①。经典作家的这些论述为我们认识人的需要的发展规律提供了重要理论启示。

人的需要是不断发展的，这种发展性也意味着美好生活的发展性，但它的实现程度和方式取决于生产力发展水平、经济体制与社会制度的性质。需要的释放和满足并不断升级发展，是一个社会繁荣兴盛、人民生活美好的重要标志。改革开放特别是党的十八大以来，我国人民美好生活需要发生了重大变化，需要满足的实现程度日益提高，满足的途径与方式也日趋多样化，已经从日益增长的物质文化需要转向日益增长的民主、安全、正义、法治等需要。中国特色社会主义进入新时代，实现全体人民的新时代美好生活，必须

---

① 马克思恩格斯选集：第1卷 [M]. 北京：人民出版社，1995：25.

进一步解放和发展社会生产力,实现经济的高质量发展,进一步全面深化改革,以顺应人民对美好生活的新期待,焕发社会的生机活力,为开启全面建设社会主义现代化新征程、实现中华民族伟大复兴提供不竭动力。

小结

只有正确地认识世界,才能科学地改造世界。科学认识和把握并不断创造、实现新时代美好生活,首要的是从认识和把握美好生活的本质入手。美好生活与人的需要有着内外统一的辩证关系,而西方经济理论中"经济人"假设是对人性的简单抽象,忽视人性的全面性和完整性,把经济需要归结为人的层面需要或最大需要,并不能科学认识人的需要的复杂性,并且所谓的"帕累托最优",实质是用抑制人的需求的"减法"去缓解弥合深层矛盾,而非治本之策。

作为主体需要与客体属性相统一的美好生活,是通过需要的满足和需要的合理的互动来创造并实现的。需要满足是沟通主体需要和客体属性相互联系的中介。在美好生活中,只有通过满足合理需要,才能把主体的需要和客体的属性直接联系起来,促使主体需要和客体进行物质、能量与信息的交换,从而达到二者的有机统一,实现主体的合理需要。实践活动是合理需要满足的基本途径,所谓"实践活动",就是人作为主体为满足自身需要所采取的利用体力、智力而进行的使客体价值化的活动,也是指在实现和创造价值过程中主体的各种活动。"人为了自己的需要,通过实践和外部自然界发生关系;他借助自然界来满足自己的需要,征服自然界,同时起着中间人的作用。"① 可见,需要满足与需要合理都具有社会性。

首先,人的需要具有社会性。"由于他们的需要即他们的本性,以及他们求得满足的方式,把他们联系起来(两性关系、交换、分工),所以他们必然要发生相互关系。"② 人是通过劳动来满足自己的需要的,而进行劳动必须结成一定的社会关系,满足需要方式的社会性,决定了人的需要的社会性。人的需要是社会生活中产生出来的需要。虽然人的需要以其生理需要为基础,却是由社会结构和社会规定性决定的,需要的对象和手段(表现为生产力)都是社会劳动的产物,而且作为人本身也是在社会中形成和发展的。因此,从根本上讲,人的需要本质不是自然规定性,而是社会规定性,是社会生活中产生出来的需要。同时,这些需要首先取决于当时的生产力水平,不同的生产力水平决定了不同时期的人们具有不同的需要,即使是古代的君主帝王,虽然其物质生活需要甚至于精神生活需要几乎都可以得到较高品质的满足,如衣则锦绸罗缎,食则山珍海味,住则琼楼玉宇,赏则阳春白雪,就个人需要而言,古代的君主帝王是由他在社会中所处的经济政治地位、所受的文化教育以及社会、家庭等各种因素决定的,但他们不可能超越社会生产力水平限制,而产生对飞机、汽车、彩电、冰箱、音响设备等现代人才可能有的生活需要内容。

其次,人的需要具有无限发展性和内容丰富性。这种需要的无限发展性和内容丰富性是与满足需要的方式与能力相联系的,即生

---

① 列宁全集:第38卷[M].北京:人民出版社,1984:348.
② 马克思恩格斯全集:第3卷[M].北京:人民出版社,1976:514.

产力和生产关系的水平与阶段。除了少数需要的对象（如阳光、空气等）外，人的需要还是通过人有目的、有意识的劳动创造来满足的。可见，大多数人的需要对象，都是人的实践活动的产物。人在劳动创造中不断提高认识和改造自然、社会及自身的能力，开拓着认识和实践的广度与深度，人的需要对象、满足需要的工具也随之不断扩大和更新。正如马克思所说，"已经得到满足的第一个需要本身，满足需要的活动和已经得到满足需要的工具又引起新的需要"[1]。可见，"需要—活动—满足—新的需要"，这是一个不断反复、永无止境的发展过程。人的需要的不断发展，必然导致人的需要的日益丰富和全面。人的需要的丰富性、全面性表现为物质需要和精神需要的统一。人的生存发展以吃、穿、住等直接物质资料需要为基础，但是，这种自然的、生理的需要是摆脱了动物的原始形式而不断丰富的。如人对食物的需要，不仅是为了满足充饥，还有对各种口味的满足，并且具有一定的属人的形式，"饥饿总是饥饿，但是用刀叉吃熟肉来解除的饥饿不同于用手、指甲和牙齿啃生肉来解除的饥饿"[2]。又如人对衣物的需要，也不仅仅是遮体御寒的满足，还有着适合其款式、色彩等一定审美需要的满足。并且，随着物质资料需要的相对满足与发展，人们对精神产品的需要越来越丰富，越来越强烈，对真、善、美的追求，包括对精神产品、文化成果的享用以及自身创造才能的发挥等的需要，越来越迫切。

最后，人的需要具有积极能动性。人的需要离不开人的主观意

---

[1] 马克思恩格斯全集：第3卷 [M]. 北京：人民出版社，1976：33.
[2] 马克思恩格斯全集：第46卷上 [M]. 北京：人民出版社，1979：29.

识，所以，它具有积极能动性。究其根源，人的需要总是通过人的意识引起的，即使是饥则食、渴则饮等这些生理需要，也是通过人的头脑，"通过头脑感觉到饥渴引起的，并且是由于同样通过头脑感觉到的饱足而停止"①。这种主观意识性、积极能动性表现于"需要—实践"的不断发展过程之中。在这一过程中，人们不断地满足已有的需要，并不断地创造出自己新的需要以及新的满足需要的途径与方式。人在需要的刺激下，制订出意识层面上的行动计划，然后按计划进行有目的的社会实践来满足自身的需要。经过这样的亲身实践和需要满足的愉悦与体验，人们会在意识上对自身的需要有更加深刻的反应，又会产生新的需要，即创造了新的观念上的需要对象，进一步驱动人们为满足新的需要而进行新的实践，进而推动社会与自身的发展。同时，需要既是人从事实践活动的起点，又是实践活动的终点。人们付诸的社会实践都是为了满足自身一定需要的实践，并且，所有的需要只有通过劳动实践才能得到满足。正是在这个意义上，马克思指出，"没有需要，就没有生产"②。

需要是人们进行生产劳动与社会实践的动机与动力。人们实践的成果以及生产的物质产品和精神产品，通过消费等一系列行为，转化为需求的满足。需求的满足又催生出新的需求，从而产生新的劳动实践，驱动着人们不断地投身到创造的劳动中去，去征服自然、改造自然，开创出一个人类文明社会。需要与实践相互作用、相辅相成，从而不断地推动着人类社会向前发展。因此，实践活动在需

---

① 马克思恩格斯全集：第4卷 [M]. 北京：人民出版社，1976：228.
② 马克思. 1844年经济学哲学手稿 [M]. 北京：人民出版社，2004：102.

要满足与需要合理的互促中起着巨大作用。

其一,实践活动保障需要的不断满足。主体的需要和客体的属性是无限多样的,并不能一下子都体现于现实的社会生活之中。什么样的客体以及客体的哪些属性能进入需要而成为需要客体?主体的哪些需要能进入现实生活而成为一般社会性的需要?这在很大程度上取决于主体所处的社会关系及其实践能力和实践方式。只有在实践活动中,才能辨别哪些是有现实可能性的、能满足主体特定需要的客体属性,并使它们发生直接的、现实的相互作用和相互联系,把主体需求和客体属性融为一体,达成现实生活需要的满足。

其二,实践活动导致需要合理的生成。现实美好生活的确立,既表明主体已有明确的需要目标,也表明主体的需要并未完全实现满足。这就必然驱使主体去变革客体、占有客体、实现客体的潜在价值为现实价值,从而实现需要目标的达成。因此,离开了实践活动,客体及其属性是不可能自动地转化并满足主体需要的。但同时,实践活动既是主体的客体化,即主体需要的对象化和现实化的过程,又是客体主体化和客体属性价值化的过程。美好生活正是在这个双向运动过程中生成的。正如马克思说的那样,"随着对象性的现实在社会中对人来说到处成为人的本质力量的现实,成为人的现实,因而成为人自己的本质力量的现实,一切对象对他说来也就成为他自己的对象化,成为确证和实现他的个性的对象,成为他的对象,而这就是说,对象成了他自身"[①]。

其三,实践活动创造美好生活。在实践活动中,人们不仅创造

[①] 马克思恩格斯全集:第42卷[M].北京:人民出版社,1979:125.

了生活需要的产出物，而且创造了需要的形式与结果。人们不但通过社会实践改造客体，使其形态、结构或功能发生变化以满足主体多方面、多层次的复杂需要，从而实现客体的价值，而且通过改造主体，即通过改善人的需要、知识、能力以及生理和社会素质诸多方面而创造客体价值来满足他人或社会的需要，从而使自身生活也由此获得价值。人的实践活动既实现了客体物体的价值，又实现了主体人的价值，因而，人的实践活动是主客体双方价值的实现过程，也是一个价值创造过程。正是在需要的基础上，通过社会实践把需要满足和需要合理有机联系在一起，三者构成完整的美好生活的生成机理。

综上所述，无论是对美好生活的认知，还是探究美好生活的生成机理，抑或是分析美好生活的共性，都必须要在实践的基础上去理解把握贯穿其中的主线，即人的需要。

第二章 新时代美好生活的特性与意蕴

从人类社会发展历史来看，美好生活是一个具有相对意义的概念，它既是抽象的，又是具体的，既取决于现实条件及参照标准等客观因素，又受制于人的认知体验等主观因素。同样，新时代美好生活也是历史的、具体的，特别是新时代"发展不平衡不充分"的基本国情，也决定了新时代美好生活必然是多种多样、丰富多彩的。因此，需要我们全面深刻把握新时代美好生活特有的含义。新时代美好生活的提出是解决当前我国社会主要矛盾的系统阐释与目标指向，体现了科学社会主义理论逻辑，呈现了中国特色社会主义的历史逻辑和特定意蕴。

第一节 近代以来中国人民美好生活需要的历史演进

白云苍狗有时尽，岁月变迁诉不完。近代史的百余年间，中国积贫积弱，中国人民备受欺凌，在西方列强的武力威逼之下，我们曾被迫以割地、赔款的屈辱方式，为西方资本主义原始积累做出过不堪回首的"历史贡献"。今天的中国,已彻底摆脱了贫困与落后,稳居全球第二大经济体,对世界经济增长贡献率已超过30%,当之无愧地成为全球经济最为强大的动力引擎。久经磨难的中国人民,正在以习近平同志为核心的党中央坚强领导下,以崭新姿态迎来从站起来、富起来到强起来的历史性飞跃,向着第二个百年奋斗目标奋力前进,不断推进全体人民共同富裕与中华民族伟大复兴,并以昂扬的姿态日益走近世界舞台中央,不断为人类做出更大贡献。同时,中国人民生活水平发生翻天覆地的变化,中国人民新时代美好生活的瑰丽画卷一步步展开。

一、近代以来中国人民美好生活需要的演进

美好生活是人类的共同梦想,表达了人民对社会现实生活与前景的理想追求。但受一个民族独特的历史命运及其孕育其中的文化精神、文化心理等因素的影响,其对美好生活的追求具有鲜明的历史性、现实性、民族性和具体性,这也要求我们要立足于历史阶段的物质生活、精神生活以及政治实践和社会实践去把握、去认识人民美好生活需要问题。

(一)新中国成立之前的美好生活需要

习近平总书记指出,"近代以后,中华民族遭受的苦难之重、付出的牺牲之大,在世界历史上都是罕见的"[①]。1840年鸦片战争爆

---

① 习近平. 决胜全面建成小康社会 夺取新时代中国特色社会主义伟大胜利[N]. 人民日报,2017-10-28(1).

发,清王朝闭关锁国的大门被武力打开,中国由此开始进入主权不独立、领土不统一的屈辱时代,致使国家蒙难、民族蒙羞、文明蒙尘。

近代的百余年间,拥有五千年璀璨文明的东方大国,几近亡国灭种的险境。鸦片战争之后,英、法、美、日、俄等帝国主义发动的侵华战争大小计数百次,签订不平等条约1100多个,割让土地达100多万平方千米,赔款13亿两(白银)。1901年辛丑条约的签订,标志着中国彻底沦为半殖民地半封建社会。至北洋军阀统治时期和国民政府时期,军阀混战、内战不休、日本侵略,中国一直处于山河破碎、民族沦陷的年代。国家的积贫积弱、政局混乱造成了人民群众饱受侵略欺凌,受尽生存的磨难。

在政治层面上,从晚清政府,到北洋军阀,再到国民政府,政治舞台如走马灯一般,君主制、总统制、责任内阁制、执政制、大元帅制、委员会制、五院制等各种政体相继出现,政权更迭不休,贪污腐败横行,内战外战不停,一直没有建立起完善的政治制度体系,人民群众权利不仅无法得到保障,也无法得以表达,"社会及组织机制支离破碎,公共秩序混乱,道德水准衰败"[①],屈辱的历史下,完全缺失的社会基本保障制度、一直动荡不安的社会秩序、缺乏稳定和有效治理的政治制度与社会治理体系,使得人民群众对美好生活的追求只能是一种奢望。

在经济层面上,帝国主义列强一直控制着旧中国的经济命脉,

---

① 费正清,麦克法夸尔. 剑桥中华人民共和国史 1949—1965 [M]. 王建朗,译. 上海: 上海人民出版社,1990: 57.

加之官僚资本垄断腐化,民族工商业又弱又小,工业生产能力远远落后西方国家,并且占比极小。据统计,1927年全国钢产量是3万吨,到1935年才达到5万吨,约为日本的1%。当时中国的"生产萎缩、交通梗阻、民生困苦、失业众多"①,经济体系严重缺失,不仅关乎国家生存和发展的重工业,而且关乎国计民生的轻工业。那一时期的"洋油""洋钉""洋火"等名词就深刻体现了当时中国经济体系的基础虚弱、比例失调和支柱欠缺。经济体系的不健全、不完善,使得旧中国作为一个落后的农业国,没有物质实力发展与人民美好生活息息相关的产业,更不可能会发展经济来实现民生改善,提高人民的物质生活水平。可见,在旧中国,人民对美好生活的追求只能是一种"应然"的理想状态。

历史的惨痛经验显示,主权不独立的国家,何谈给人民带来美好生活?由此也可见,政治昌明和社会稳定是美好生活追求的制度前提,旧中国不具备满足人民对美好生活追求的制度基础;经济体系的建立和完善是美好生活追求的经济前提,旧中国不具备满足人民对美好生活追求的经济基础。

(二) 新中国成立后的美好生活需要

新民主主义革命时期,面对内忧外患的民族危亡、水深火热的人民生活,我们党坚守初心使命,将实现主权独立、人民解放作为党迫切需要完成的任务。党通过带领人民经过土地革命时期的打土豪分田地、抗日战争时期的地主减租减息和农民交租交息、解放战

---

① 沈云锁,潘强恩. 共产党通史:第3卷上 [M]. 北京:人民出版社,2011:347.

争时期的土地改革，从而取得了新民主主义革命的胜利，为人民谋求美好生活奠定了根本的基础保障及稳定和平的社会环境。对于处于战火纷争的人民群众来说，寻求国内和平、解决自身生存问题是他们对美好生活的首要需要。可见，党团结带领中国人民追求民族独立、人民解放的奋斗，也是这一时期为人民谋求美好生活的奋斗。

新中国成立之初，我国一穷二白、百废待兴。因而，增强综合国力和提高物质文化生活是这一时期的主要任务，也是满足中国人民美好生活需要的主要任务。为保卫新生政权，维护人民美好生活的基础保障，在面对帝国主义经济与军事全面封锁的情况下，党带领中国人民自力更生、艰苦奋斗，巩固了国家政权，国家安全形势、综合国力、人民生活水平都发生了极大的改变。1949—1952年，工业总产值由140亿元增加到343亿元，在整个"一五"期间，建设了以"156项"为核心的近千个工业项目，在这些骨干项目的带动下，工业快速建立起来，形成了独立自主的工业体系雏形，在物质、资金、技术和人力等多个方面为实现人民对美好生活的追求奠定了初步的物质基础。

中华人民共和国以人民民主专政为国体，以人民代表大会制度为政体，只有人民才是国家的主人，人民的意志得以最大限度实现，由此开创了人民当家做主、自己掌握自己命运、真正可以追求美好生活的全新时代。中国人民"彻底废除了列强强加给中国的不平等条约和帝国主义在中国的一切特权，为实现中华民族伟大复兴创造了根本社会条件"[①]。

---

① 习近平谈治国理政：第4卷［M］.北京：外文出版社，2022：5.

（三）社会主义建设时期的美好生活需要

我们党为进一步夯实全体人民美好生活的基础，领导人民进行"三大改造"，确立了社会主义基本制度，并开始了社会主义建设的初步探索。社会主义基本制度的确立，"为当代中国一切发展进步奠定了根本政治前提和制度基础，为中国发展富强、中国人民生活富裕奠定了坚实基础，实现了中华民族由不断衰落到根本扭转命运、持续走向繁荣富强的伟大飞跃"[①]。

社会主义建设时期，生产力和国民经济得以不断发展，初步建立了独立的、比较完整的工业和国民经济体系，不仅奠定了国家工业化的初步基础，也奠定了人民美好生活的初步基础。同时，也决定了发挥社会主义制度的优越性，不断增强国家综合实力，是满足人民物质生活和精神生活增长需要的重中之重。人民对美好生活的追求进入一种"实然"的现实状态。

以民主集中制为组织原则，以人民代表大会制度为政权组织形式，以政务院为政权最高行政机构，以及中国共产党领导的多党合作与政治协商制度和民族区域自治制度，构成了社会主义中国的基本政治架构，为发展人民民主，促进经济社会发展，维护国家统一、民族团结，实现人民幸福、社会和谐提供了根本政治保障。从社会主义基本制度确立到改革开放前，社会主义建设虽然遭遇了一些曲折，但仍然实现了 GDP 年均增长率超过 7%，国家实力、国际地位

---

① 习近平. 在庆祝中国共产党成立 95 周年大会上的讲话 [M]. 北京：人民出版社，2016：3.

得到大幅跃升。由于经济增长成果主要被用于生产资料的积累，因此这个时期中国人民的生活水平改善不大。

社会主义公有制的确立和社会主义经济体系的建立，为人民对美好生活的追求提供了经济前提。面对旧中国留下的千疮百孔、一穷二白的烂摊子，中国共产党以社会主义基本政治制度为保障，对生产资料私有制进行社会主义改造，基本消灭了剥削制度，确立了社会主义制度，使中国跨越了资本主义的"卡夫丁峡谷"，由半殖民地半封建社会经短暂的新民主主义社会过渡到社会主义社会。同时，中国人民走上了独立自主建设工业体系的道路，在短短的十几年时间里，就拥有了独立的、比较完整的工业体系和国民经济体系，把中国由一个半殖民地半封建社会的贫穷落后的农业大国转变为一个初步的工业化和现代化国家。

（四）改革开放后的美好生活需要

改革开放以来，我国居民的需要发生了重大变化，这完全可以从城乡居民恩格尔系数的变化中看出来。1978年，我国农村居民恩格尔系数为67.7%，城镇居民为57.5%，总体恩格尔系数为60%。到了2012年，农村居民恩格尔系数降到30.1%，城镇居民降到27.7%，总体恩格尔系数降到28.4%。[1] 恩格尔系数是衡量一个国家或地区人民生活水平状况的通行指标。根据联合国粮农组织（FAO）提出的标准和国家统计局提供的资料可见，改革开放以后群众生活

---

[1] 中华人民共和国中央人民政府网站：《人民生活实现历史性跨越阔步迈向全面小康——新中国成立70周年经济社会发展成就系列报告之十四》，http：//www.gov.cn/xinwen/2019-08/09/content_5420006.htm?gov.

水平大幅度改善,但同时人民的需要层面并不高,主要集中于衣食住行等物质需要的满足。这个时期,人民美好生活的需要还处在马斯洛人的需要层次理论中的生理需要和安全需要层面。

直到进入总体小康社会以后,更高级的需要如归属和爱的需要、尊重的需要才逐渐涌现出来,在富裕阶层则已经出现了自我实现的需要。在产能过剩和资本过剩的时代,需要的层次发生改变导致需要结构重心上移,从而使价值体系的变革成为客观的要求。总体来看,人民生活需要的层次明显提升,已经从生存需要向享受需要演进。不仅如此,有关人的自由而全面发展需要的若干要素,已经萌芽并呈快速生长之势。这符合人的需要发展的内在规律、社会主义发展规律和经济社会发展一般规律。21世纪伊始,党的十六大就提出了"促进人的全面发展"的要求,从此,"人的全面发展"不断出现在党的重要文献中。

对于这一时期的人民来说,解决温饱问题和提高物质文化水平是迫切需要解决的难题。十八大之前讲的"物质文化需要"是在"两个文明"即物质文明和精神文明的语境下提出来的,它来自八大提出的"经济文化需要"。与此相应的是经济价值和文化价值或物质价值与精神价值。随着"政治文明"话语的加入,"两个文明"变成了"三个文明",这时候再讲"物质文化需要"实际上已不够全面,因为政治需要既不是单纯的物质需要,也不是单纯的文化需要。与此相应,政治价值开始加入价值体系和价值观体系中。后来又出现了社会建设、生态文明。

改革开放以来,以邓小平为核心的党的第二代领导集体深刻总结过去经验教训，根据中国的实际情况，提出要解放和发展生产力，实现四个现代化，提出小康的概念，"我们要实现的四个现代化，是中国式的四个现代化。我们的四个现代化的概念，不是像你们那样的现代化的概念，而是'小康之家'"①，并在党的十三大提出实现社会主义现代化分"三步走"的发展战略和发展步骤。

党的十五大报告提出了21世纪前50年的奋斗目标，即新"三步走"的发展战略。党的十六大报告提出了全面建设小康社会的奋斗目标，党的十七大报告对实现全面建设小康社会奋斗目标提出新要求，党的十八大报告提出全面建成小康社会的新目标，并大力推进精准扶贫，着力打赢脱贫攻坚战。

到2017年，中国恩格尔系数为29.3%，其中城镇为28.6%，达到了国际标准中的"富裕"水平；农村为31.2%，接近"富裕"水平。② 由此可见，中国人民生活需要已经转化为一个包含政治、文化、社会和生态在内的泛化的概念，否则"物质文化需要"已经不足以概括原来的需要体系；相应地，价值体系和价值观也应当随之进行变革。

从个体需要的层面来看，美国心理学家马斯洛提出了需要层次理论。他认为人的需要可分为生理需要、安全需要、归属与爱的需要、尊重的需要、自我实现和自我超越的需要等五个层次。这五个层次的需要由低到高依次递进排列，其中，支配人们行为的动机首先来自低级需要，如果低级需要没有满足，那么，高级需要就处于

---

① 邓小平文选：第2卷[M]．北京：人民出版社，2009：237.
② 中华人民共和国和中央人民政府网站：《中华人民共和国2017年国民经济和社会发展统计公报》，http://www.gov.cn/guowuyuan/2018-02/28/content_5269506.htm.

潜能的状态,不发挥作用。只有低级需要满足了,高级需要才会显现,成为行为的动力,同时,这个递进过程为个体价值观的形成提供了参照。从社会发展阶段的角度看,在追求温饱的社会里,人们通常关注的是生理需要和安全需要;在小康社会中,人们追求的是归属与爱的需要、尊重的需要;在富裕社会中,人们转而追求自我实现和自我超越的需要。由此形成了不同社会发展阶段的需要结构以及蕴含其中的价值体系。

二、近代以来中国人民需要演进的总结

从1840年鸦片战争以来中华民族追求美好生活的求而不得,到新中国成立以来中国共产党带领中国人民追求美好生活的现实推进,中国人民美好生活的需要历经不断地释放与丰富、层面扩展与层次提升,发生了翻天覆地的变化。审视近代以来中国人民需要演进历程,我们不难看出,要实现中国人民的美好生活,既要有人类美好生活需要保障的基本条件,也要有中国人民需要的满足要素和特色。

(一) 国家稳定是保障美好生活需要的基本条件

只有国家独立、政治昌明和社会稳定,人的生活需要才能有基本保障,美好生活才能成为"实然"。新中国成立之前,当时中国人民对美好生活的追求更多集中在解决生存问题和温饱问题,正如恩格斯所指出的,"这样,生存斗争——我们暂时假定这个范畴在这里是有效的——就变成为享受而斗争,而这就是社会主义革命"[1]。与

---

[1] 马克思恩格斯文集:第10卷 [M].北京:人民出版社,2009:412.

此相对应的是，人民对精神生活上的需要总体呈现出国格和民族尊严的满足。这是新中国成立之前，中国人民需要的"整体性"特征。而随着这一"整体性"需要的满足，精神上的需求就开始拓展到经济、政治、文化、社会、生态等多个层面。

新中国成立初期，中国人民在解决生存需要的基础上，更多倾向于国家独立和民族自主下的人格尊严。以毛泽东为代表的党的第一代领导集体聚焦于以国格保人格，捍卫了国家独立和民族自主，并确立了社会主义制度架构，构建了社会主义经济体系，实现了人民民主专政，确保了人民当家做主，一扫近现代以来"积贫积弱"的"东亚病夫"形象，国家形象和民族尊严得到空前恢复。社会主义建设取得的伟大飞跃，使得中国在世界上重新"站"了起来，使得中华民族在世界民族之林重新"站"了起来，使得中国人民也在作为"本我"的人在"成其为人"的意义上重新"站"了起来，并为中国人民的美好生活奠定了根本政治前提和制度基础。

改革开放以来，中国人民的美好生活需要更倾向于对物质条件的改善和对精神世界的充盈。中国共产党领导中国人民对实现人的全面发展进行了新的思想探索和社会实践，破解社会主义制度下人民美好生活需要的新命题。一方面解放和发展社会生产力，打开国门，以改革开放发展经济，经济实力不断提升，人民物质生活不断提高；另一方面着力提高全民素质，从培育社会主义"四有"新人，到提出人的全面发展，从加强精神文明建设，到提出和全面强化社会主义核心价值体系建设，物质上的"富"和精神上的"富"双管齐下，并重推进。改革开放波澜壮阔的四十多年间，中国人民的美好生活需要不断丰富和发展，人民生活得越来越富足，而这些实现和发展的一个基本保障就是国家长期稳定、社会秩序井然。

（二）经济增长是美好生活需要释放、丰富的基本条件

改革开放以来，历代中央领导集体在高度重视经济建设的同时，也强调对人民群众日益增长的各方面需要的不断满足。从党的十二大到十五大，我们党一直强调要建设社会主义物质文明和社会主义精神文明，党的十七大强调要建设生态文明，党的十八大提出，要形成并积极推进经济建设、政治建设、文化建设、社会建设、生态文明建设五位一体的总体布局。从单一的物质型的经济发展拓展到政治、文化、社会和生态，表明我们党对人民美好生活追求的不断丰富、更新和发展，这种更新和发展正是基于对美好生活发生"多样性"结构性变化的准确认识与把握。"在社会主义初级阶段，这种'需要'是摆脱贫穷落后，达到比较富裕的需要，而'生产'则是落后于这种'需要'的社会生产；在社会主义中级阶段，这种'需要'又是在比较富裕的基础上实现富裕或更加富裕的需要，而'生产'则是落后于这种'需要'的社会生产；在社会主义高级阶段或最后阶段，这种'需要'是在富裕或更加富裕的基础上实现更高的发展和物质文化享受的需要，而'生产'则是落后这种更高'需要'的社会生产。"[①]

物质生活的需要和满足解决了，精神生活上的需要和满足往往

[①] 赵培星. 社会主义论：社会主义社会的过渡性和二重性[M]. 北京：人民出版社，1988：27.

更加多样与复杂,正如习近平总书记指出的,"我们的人民热爱生活,期盼有更好的教育、更稳定的工作、更满意的收入、更可靠的社会保障、更高水平的医疗卫生服务、更舒适的居住条件、更优美的环境,期盼孩子们能成长得更好、工作得更好、生活得更好。人民对美好生活的向往,就是我们的奋斗目标"①。可以说,正是改革开放以来的经济增长,人民对美好生活追求"多样性"需要的满足才有基本条件保障。

(三) 满足合理需要与引导需要合理是基本途径

中国近代史的百余年间,寻求国内和平稳定、解决自身生存及其人格尊严成为当时中国人民美好生活的最大需要和追求,但因历史的局限,这些需要和追求也只能是一种向往与理想。新中国的成立为中国人民追求美好生活、满足正当需要创造了一个稳定和平的社会环境,也激发了亿万人民创造美好生活的热情和斗志。党的八大科学研判了我国社会主要矛盾,明确了人民美好生活需要,确立了美好生活的方向。但随后的脱离现实,过高地估计人民美好生活的合理需要范畴,以致盲目追求高指标,脱离实际开展"大跃进"、人民公社化等运动,造成了国家建设和人民生活需要满足的挫折与冲击。

改革开放后,我们党坚持解放思想、实事求是,重新明确了社会主要矛盾及人民美好生活需要,做出了改革开放的伟大决策,聚精会神搞建设,一心一意谋发展。经济及各方面建设长足发展,人

---

① 十八大以来重要文献选编:上 [M]. 北京:中央文献出版社,2014:70.

民生活总体实现小康水平，实现了由"站起来"向"富起来"的飞跃，并迎来"强起来"的光明前景。但人民群众美好生活需要的合理性出现偏差，一些不良风气滋生，也给社会及生活带来了冲击。对此，邓小平曾严肃地指出："十年最大的失误是教育，这里我主要是讲思想政治教育，不单纯是对学校、青年学生，是泛指对人民的教育。"①

这些历史的经验也向新时代美好生活昭示着，人民美好生活的实现既要正确把握并满足人民日益增长的正当、合理需要，又要引领人民对于生活需要合理性的认知，培育社会主义美好生活观。只有这样，才能更好地推进美好生活不断向前发展。中国在全面建成小康社会之后，开启了全面建设社会主义现代化的进程，原来那种重物轻人的价值观逐渐被时代所抛弃，新时代生活的意义既不再是满足物质之欲，也不再是追求社会需要和精神需要的满足，而是人的全面发展和自由发展。

第二节 新时代美好生活的特性

十九大报告不仅提出"中国特色社会主义进入了新时代"，而且做出了"新时代的社会主要矛盾已经发生变化"的科学判断，明确社会主义初级阶段的主要矛盾已经由"人民日益增长的物质文化需要同落后的社会生产之间的矛盾"转化为"人民日益增长的美好生

---

① 邓小平文选：第2卷［M］. 北京：人民出版社，2009：306.

活需要和不平衡不充分的发展之间的矛盾"。可见,新时代美好生活需要体系已经从"物质文化需要"向"美好生活需要"转变,它是社会主要矛盾变化新特点的突出表现,也必然带来人及其生活价值体系的变革。

一、新时代美好生活的历史性

坚持以人民为中心,聚焦人民的新时代获得感、幸福感、安全感,习近平总书记指出,"中国特色社会主义进入新时代,我国社会主要矛盾已经转化为人民日益增长的美好生活需要和不平衡不充分的发展之间的矛盾"①。所以,什么是中国特色社会主义新时代?答案很明确,是人民生活水平不断得到提高的时代,是人民美好生活需要日益丰富的时代,是人民走向共同富裕的时代,是中华民族伟大复兴的时代。新时代的美好生活因其特定的历史方位和中国特色社会主义的阐释而具有特殊的性质、特定的内涵以及特别的意旨。

(一)新时代美好生活的历史方位

中国特色社会主义进入新时代,人民群众对于改善民生的迫切需要和对美好生活的强烈向往,更凸显出要坚持"以民为本"的民生目标,始终为了人民向往的目标而奋斗。习近平总书记在党的十九大报告中指出,"更加突出的问题是发展不平衡不充分,这已经成

---

① 习近平. 决胜全面建成小康社会 夺取新时代中国特色社会主义伟大胜利 [N]. 人民日报, 2017-10-28 (1).

为满足人民日益增长的美好生活需要的主要制约因素"①。可见，美好生活的提出是与当下中国特色社会主义发展的特殊阶段相对应的，具有人民性、理想性、现实性和实践性等鲜明的时代特征。

也就是说，美好生活是在全面建成小康社会决胜阶段、中国特色社会主义进入新时代、我国社会的主要矛盾发生转化的现实背景下提出的。所以，美好生活的特征是紧密结合新时代国家发展的战略并贯穿于中国特色社会主义现代化建设进程中。首先，以美好生活为目标的新时代幸福观是对中国古代幸福观的弘扬与超越，实现了中国幸福观"以个人为指向转化为以人民为中心、将个人生活完善转化为人民生活美好、将注重休养转化为谋求发展、将天下情怀转化为人类情怀"②的深刻变革和历史跨越。其次，美好生活建设是中国人民在社会主义革命胜利后自我解放、自我提高、不断超越自我的主要方式，推动了人民对自身思想观念、工作和生活技能、不良生活方式的改变与超越③。最后，从"美好生活"观念的演进来看，改革开放以来人民对美好生活的追求先后经历了富裕生活、高质量生活、人的全面发展三个阶段的递进和超越。④

（二）新时代美好生活的历史意蕴

经过改革开放40余年的发展，我国社会生产力水平明显提高，

---

① 习近平. 决胜全面建成小康社会 夺取新时代中国特色社会主义伟大胜利 [N]. 人民日报，2017-10-28（1）.
② 江畅，潘从义. 习近平幸福观对中国古典幸福观的弘扬与超越 [J]. 武汉大学学报（哲学社会科学版），2018，71（4）：5-12.
③ 谢加书. 美好生活建设的中国道路 [J]. 马克思主义研究，2018，10（10）：32-39.
④ 魏传光. "美好生活"观念演进之40年 [J]. 云南社会科学，2018，6（6）：1-7.

人民生活显著改善，对美好生活的向往更加强烈。人民群众的需要呈现多样化、多层次、多方面的特点，期盼有更好的教育、更稳定的工作、更满意的收入、更可靠的社会保障、更高水平的医疗卫生服务、更舒适的居住条件、更优美的环境、更丰富的精神文化生活。这些需要不断地释放并得以满足、丰富与提升，充分展现着新时代人民美好生活的特定意蕴。一是中国人民的美好生活需要是较高层次的生活需要，新时代的背景决定了美好生活的现实复杂性，即软需求成为刚需，具有比较的特征，重视精神因素，呈现动态发展性和个体差异性等时代特征。① 二是美好生活的这种时代性也意味着限定性，看待美好生活要坚持历史尺度，要区别于社会主义高级阶段和共产主义阶段的美好生活，这不仅受到我国当前社会生产力发展水平的制约，也要以当下的社会发展指标进行衡量。②

与西方的幸福研究是建立在以抽象的人为假设不同，新时代美好生活是以"现实的人"为逻辑起点，正视人的自然性、社会性、道德性和主体性，以全体人民的共创、共享幸福为目标，因此，新时代美好生活是区别于西方、区别于以往时代的新的发展愿景。③ 这也表明，新时代美好生活具有特定的历史意蕴。

二、新时代美好生活的人民性

党的十九大报告中的一个重要理论支点，就是为中国人民谋幸

---

① 沈湘平，刘志洪. 正确理解和引导人民的美好生活需要 [J]. 马克思主义研究，2018，8 (8)：125-132.
② 李盼杰，曾文婷. 论社会主义与美好生活 [J]. 甘肃理论学刊，2018，6 (6)：5-12.
③ 俞光华，黄瑞雄，论新时代人民幸福思想的内在逻辑 [J]. 中国特色社会主义研究，2018，3 (3)：95-102.

福,为中华民族谋复兴。习近平总书记反复强调人民美好生活需要,凸显贯穿党和国家事业发展全局清晰的思想脉络,为我国实现第二个百年目标,推进全体人民共同富裕,奋力夺取中国特色社会主义事业的伟大胜利,指明了方向。满足人民美好生活新需要,是共产主义价值在中国特色社会主义新时代的生动体现和精辟表达。

(一)人民是新时代美好生活的创造者

马克思主义主张人民群众是历史发展的根本推动力量,是一切物质文明和精神文明的创造者。这与中华优秀传统文化中的"民本"思想有着内在的一致性。中华民族拥有源远流长的数千年文明,其中蕴含着丰富的人民主体性思想。在对劳动人民主体地位的认知上,夏的时候就有了"民惟邦本,本固邦宁"(《尚书·五子之歌》)的民本观念;周的时候提出了"敬天保民"(《尚书·周书》)的口号,把民众与"天"放到同一层面看待;战国时期的孟子更是进一步发出了"民为贵,社稷次之,君为轻"(《孟子·尽心下》)的呼声,把劳动人民置于最高的地位。在对劳动人民主体作用的认知上,荀子把劳动人民和统治者比作水与舟的关系,提出"君者,舟也;庶人者,水也。水则载舟,水则覆舟"(《荀子·王制》)的历史辩证逻辑。千百年来,"得民心者得天下"和"水能载舟,亦能覆舟"的理念流淌于中华优秀传统文化的血脉之中,彰显着劳动人民主体的历史选择力量。

新时代美好生活的实现,关键在人。要以人作为发展社会主义事业的主体。核心是新时代美好生活的创造者和享有者,因此,美好生活属于人民,是人民的美好生活。从新时代美好生活与中国梦的关系来看,新时代美好生活的提出是对中国梦表述的进一步深化和完善,"中国梦是人民的梦,必须同中国人民对美好生活的向往结合起来才能取得成功"①。

(二)人民是新时代美好生活的享用者

实现人民美好生活是马克思主义的出发点和落脚点,也是其全部学说的理论基石。马克思、恩格斯在对于未来社会的设想中,主张"生产将以所有的人富裕为目的",并指出,社会主义社会应该"给所有的人提供健康而有益的工作,给所有的人提供充裕的物质生活和闲暇时间,给所有的人提供真正的充分的自由",所有人"共同享受大家创造出来的福利"。在中华文明发展史上,"治国有常,而利民为本"(《淮南子·氾论训》),"足国之道,节用裕民而善臧其余。节用以礼,裕民以政"(《荀子·富国》),"凡治国之道,必先富民"(《管子·治国》)等利民、富民的施政理念凸显出中华优秀传统文化的内在追求。可见,中华民族这种增进民生福祉、实现生活美好的文化基因与马克思主义的价值理念具有高度的契合性,在主体性上具有一致性。

中国梦和"美好生活"对照了普遍性与特殊性的辩证关系,实现了对物质世界和精神世界的共同推崇,实现了个体发展和集体发展、世俗性与超越性的有机统一。新时代美好生活并非通常意义上

---

① 习近平. 在华盛顿州当地政府和美国友好团体联合欢迎宴会上的演讲[N]. 人民日报,2015-09-24(2).

的小众的"幸福感受"和短暂、脆弱的"幸福体验",而是普遍意义上的"公民幸福"。因此,需要通过公民社会的实现来保障人民确定的、可持续的幸福。作为人民的普遍权利正义诉求的满足,是由法律保障公民权利的实现,这是新时代美好生活一个重要的实践逻辑。可见,美好生活的实现需要国家确保权利供给的权力保障持续,以及避免权力的滥用。

三、新时代美好生活的社会性

人的本质是社会关系的总和。当人以一种全面的方式,或者说作为一个总体的人占有自己的本质,就抵达了马克思所说的人的自由全面发展的设定。在马克思那里,以人的自由全面发展为特征的共同体,需要在生产力与生产关系的现实运动中实现,它既是理想的社会形态,也是持续性的历史运动。中国特色社会主义进入新时代,我国社会主要矛盾的转化使得美好生活的建设在关注个体需要的同时,更要注重不同群体需要、不同地区的差异需要,确保人民需要满足的公平正义。正因为如此,新时代美好生活需要的满足,需要公平正义来保驾护航。只有在实践中坚持这一价值理念,人民的获得感、幸福感、安全感才能真正得以实现。

(一)社会存在是个人生活需要的尺度

马克思认为,人的需要的多样性,表现为现实生活的多样性,"在现实世界中,个人有许多需要,正因如此,他们已经有了某种职责和某种任务，他们才可能成为不同的我"①，但"我们的需要和享受时由社会产生的，因此，我们在衡量需要和享受时以社会为尺度，而不是以满足它们的物品为尺度的。因为我们的需要和享受具有社会性质，所以它们是相对的"②。这段话表明，人的需要不能脱离现实生活中生产力与生产关系、经济基础与上层建筑、民族特性与历史传统、地理位置与生态环境等方方面面的实际。

可见，新时代人民需要也是不能脱离中国特色社会主义具体实际的，是以我国社会主义初级阶段的基本国情为尺度的。也就是说，新时代人民对美好生活的需要应与中国特色社会主义现代化、民主法治化和核心价值观协调一致、共同发展，这也是新时代美好生活发展的必由之路。具体到新时代不同生活层面的不同个人，还要从自身所处的社会关系和现实状况，合理界定自己的需要。只有这样，我们的需要才能转化为合理诉求，才能使我们的美好生活不断向前发展。

另外，以社会的尺度衡量美好生活需要，也体现在我们的需要顺乎社会发展的趋势，合乎社会主义的道德观念，契合中华民族的优秀传统。特别是随着新时代社会物质财富的急剧增长、人民物质生活水平的进一步提高、生活方式的多样化，在我们的消费需要、出行需要等方面更应体现出社会的尺度，态度鲜明地抵制不良社会风气，引领新时代生活的风尚，更好地营造美好生活的社会氛围。

---

① 马克思恩格斯全集：第43卷 [M]．北京：人民出版社，1972：136．
② 马克思恩格斯选集：第1卷 [M]．北京：人民出版社，1995：350．

(二) 个人需要与社会需要的满足是统一的

"更好推动人的全面发展、社会全面进步"这一重要论述的提出,正是马克思上述思想的时代表达、中国表达,充分展现了通过社会历史实践寻求人的全面发展的观点。"让全体人民住有所居"的承诺,"打赢蓝天保卫战"的目标,"幼有所育、学有所教、劳有所得、病有所医、老有所养、住有所居、弱有所扶"的要求,这是实现新时代人民美好生活、满足丰富需要的具体要求,也构成了中华优秀传统文化所表达的美好生活的重要内容。新中国成立70多年来对人民美好生活实现的实践探索,将千百年来中国人民的愿望与诉求表达上升为国家发展的目标,锻造成民族复兴的支点,并逐渐赋予了其更加丰富、更加现代化的内涵。如对新时代社会主要矛盾的科学研判,对美好生活的新时代定义,进一步彰显出经济、政治、文化、社会、生态文明建设的有机统一性。

新时代美好生活彰显着"每个人的自由发展是一切人自由发展的条件"[①]的实践,渗透于社会建设的方方面面,并内在地把个人需要与社会需要、社会尺度有机结合起来,把美好生活转化为社会一种状态。党的十八大以来,我们党统筹推进"五位一体"、协调推进"四个全面"的建设,体现了对"人民对美好生活向往"的系统性把握,对人民获得感、幸福感、安全感的全面理解,由此也彰显出中国千百年来形成的文化精神。因此,把脉人民美好生活需要的关键与社会发展的实际,着力破解发展不平衡不充分问题、切实增

[①] 马克思恩格斯选集:第1卷 [M]. 北京:人民出版社,1995:273.

进人民的获得感、幸福感、安全感，着力提升经济社会发展质量和效益，是践行以人民为中心的发展思想，实现全体人民共同富裕，推进人的自由全面发展与社会全面进步的重要抓手。

第三节 新时代美好生活的意蕴

什么是新时代美好生活？党的十九大报告指出，新时代的美好生活是在小康水平的基础上，"经济更加发展、民主更加健全、科教更加进步、文化更加繁荣、社会更加和谐、人民生活更加殷实"，并向着"物质文明、政治文明、精神文明、社会文明、生态文明将全面提升"，"全体人民共同富裕基本实现，我国人民将享有更加幸福安康的生活"[①]的目标迈进。可见，报告从总体的角度描绘了中华民族的新时代美好生活，并指明了新时代美好生活的路线图和发展方向。

从人类社会发展历史来看，美好生活是一个具有相对意义的概念，它既是抽象的，又是具体的，既取决于现实条件及参照标准等客观因素，又受制于人的认知体验等主观因素。同样，新时代美好生活也是历史的、具体的，特别是新时代"发展不平衡不充分"的基本国情，也决定了新时代美好生活必然是多种多样、丰富多彩的。因此，这就需要我们全面深刻把握新时代美好生活特有的含义。

---

① 习近平. 决胜全面建成小康社会 夺取新时代中国特色社会主义伟大胜利[N]. 人民日报，2017-10-28（1）.

一、新时代美好生活是共同发展的生活

共同发展是新时代美好生活的本质特征。新时代美好生活是实现共同富裕的过程，也是迈向人的自由而全面发展的过程。在这个过程中，让"广大人民群众共享改革发展成果，是社会主义的本质要求"①。同时，中华优秀传统文化蕴含着深厚的共同发展价值取向，彰显着中国人"大道之行也，天下为公"（《礼记·礼运》）、"独乐乐不如众乐乐"（《孟子·梁惠王下》）、"兼济天下"（《孟子·尽心上》）的共享精神和追求。可见，新时代美好生活必定是中国人民的共同生活。

实现新时代共同发展的美好生活，不仅需要我们党的长期努力，也需要人民的积极参与。正如习近平总书记指出的，"国家建设事业是全体人民的共同事业"②，"中国梦归根到底是人民的梦，必须紧紧依靠人民来实现"③。可见，新时代美好生活是全体中国人民共建共享的生活，需要全体中国人民思想认识上的清晰和行动上的参与。

（一）新时代美好生活是共进的生活

历经四十余年的改革开放，中国特色社会主义事业建设取得举世瞩目的成就，社会财富总量迅速增长，经济总量稳居全球第二，特别是十八大以来的发展，我国实现近一亿贫困人口的稳定脱贫，全面建成小康社会，创造人类发展史、中华民族发展史上最恢宏的

---

① 习近平关于社会主义社会建设论述摘编［M］.北京：中央文献出版社，2017：34.
② 习近平关于社会主义社会建设论述摘编［M］.北京：中央文献出版社，2017：33.
③ 习近平关于社会主义社会建设论述摘编［M］.北京：中央文献出版社，2017：4.

诗章。从纵向比较的角度来看，城乡居民收入增速超过经济增速，中等收入群体持续扩大，人民生活条件和水平得到显著提升。可以说，中国人民已经实现了前期美好生活的目标，正朝着更高水平的美好生活迈进。

发展是共同的发展，正如习近平总书记强调的，小康路上不让一个人掉队，不能落下一个贫困家庭，丢下一个贫困群众，共同富裕是全体人民的共同富裕。但这并不表示，新时代美好生活会完全消除我国区域之间、城乡之间、群体之间的现实生活差距。我们必须清醒地看到，新时代社会主要矛盾的变化并没有改变我国仍处于并将长期处于社会主义初级阶段的基本国情，在人民就业、教育、医疗、居住、养老以及社会民主、法治、公平、正义、安全、环境等方面还存在着一些突出问题和差距。特别是我国"发展不平衡不充分"将是一个长期的过程，一些发展不平衡不充分问题的解决，不可能会是一蹴而就的，而是一个循序渐进、不断改善提升的长期过程。正如习近平总书记指出的，"必将有一个从低级到高级，从不均衡到均衡的过程，即使达到很高的水平也会有差别"[1]。

"发展不平衡不充分"具体到新时代不同的个体生活中，必然会存在着生活需要内容、需要层面和需要序列的差异，会呈现出多种多样、丰富多彩的生活状态，并不断实现进步和提升，这也是新时代美好生活的现实状态和发展之路。可见，新时代美好生活是不断向前发展的、全体人民共同的、全面需要满足的生活，是不断实现共同富裕的生活，是不断走向人的自由全面发展的生活。因此，只

---

[1] 马克思恩格斯选集：第1卷[M]. 北京：人民出版社，1995：294.

有立足基本国情和自身实际，以马克思主义发展的眼光来看待新时代的美好生活，才能更好地感受到新时代生活的进步和未来发展，体验更多的获得感、幸福感、安全感。

（二）新时代美好生活是共享的生活

全面建成小康社会，让改革发展成果更多更公平惠及全体人民，朝着实现全体人民共同富裕不断迈进，是我们党在新时代的艰巨任务。这不仅需要我们党的努力，更需要人民在现实生活中的共同努力和参与。"每个人的自由发展则是一切人的自由发展的条件"①，可见，只有一部分人、一部分地区的发展是有悖社会主义本质的，同时，没有全体人民的共同发挥，一部分人、一部分地区的发展算不上真正的发展，也是不稳定、不可持续的。

新时代的"发展不平衡不充分"，客观上存在着发展相对"欠缺落后"的问题。据统计，我国城乡区域发展和收入分配差距依然较大，中等收入陷阱的风险仍然存在，这些都成为制约新时代美好生活共同发展的藩篱。前进道路上问题的解决需要新时代全体中国人民的共同努力，以共建共享的实际行动推进共同发展的新时代美好生活。

共同发展的过程也是共建共享的过程，"共建才是共享，共建的过程也是共享的过程"②。共建共享就是"要充分发扬民主，广泛汇聚民智，最大激发民力，形成人人参与、人人尽力、人人都有成就

---

① 习近平关于社会主义社会建设论述摘编［M］．北京：中央文献出版社，2017：39．
② 习近平关于社会主义社会建设论述摘编［M］．北京：中央文献出版社，2017：39．

感的生动局面"①,特别是对于发展相对快的地区、群体、个体而言,更应以共建共享的实际行动,参与其中并发挥出自身的先发优势和帮扶作用。只有这样,才能在共建共享发展中实现更多获得感、幸福感、安全感,不断促进全体人民实现共同富裕和美好生活。

二、新时代美好生活是劳动创造的生活

劳动创造是新时代美好生活的根本源泉。马克思认为,劳动"是一切人类生活的第一个基本条件"②,是社会财富和价值创造的源泉。同样,新时代美好生活要靠辛勤劳动来创造。正如习近平总书记所指出的,"人世间的一切幸福都是要靠辛勤的劳动来创造的"③,"幸福都是奋斗出来的"④。可见,享有更加幸福安康的生活绝不是轻轻松松、敲锣打鼓就能实现的。

劳动即生活,劳动创造的过程也是幸福生活的过程。新时代的劳动是新时代美好生活的重要内容。怎样对待劳动、怎样劳动是现实生活的基本问题,也体现着什么样的价值观。伴随着社会主义市场经济发展的同时,社会生活中也出现了劳动观念淡薄、劳动态度浮躁、劳动价值取向错位等一些不良风气,直接冲击着新时代的美好生活和人民的劳动获得感、幸福感、安全感。因此,创造新时代美好生活必须弘扬马克思主义劳动价值观,塑造、引导具有新时代特色的劳动思想观念。

---

① 习近平关于社会主义社会建设论述摘编[M].北京:中央文献出版社,2017:39.
② 马克思恩格斯选集:第4卷[M].北京:人民出版社,1995:373.
③ 习近平关于社会主义社会建设论述摘编[M].北京:中央文献出版社,2017:4.
④ 国家主席习近平发表二〇一八年新年贺词[N].人民日报,2018-01-01(1).

三、新时代美好生活是需要合理的生活

需要合理是新时代美好生活的内在逻辑和应有之义。党的十九大报告提出,"人民美好生活需要日益广泛,不仅对物质文化生活提出了更高要求,而且在民主、法治、公平、正义、安全、环境等方面的要求日益增长",这体现着新时代生活需要更具丰富性、有更高的层次,也体现着新时代生活需要的合理性和发展性。正如马克思所说,"在社会主义的前提下,人的需要的丰富性"[1] 是人的本质的新的充实。

如前所述,美好生活不仅客观上与需要的满足程度紧密相关,还与个体主观上对过去、现在以及未来生活的认知体验相关。同样,构建新时代的美好生活不仅要坚持发展的第一要务,坚持以人民为中心的发展思想,还要引导人民对美好生活需要的理性认识。特别是在全面建成小康社会的今天,无论是人民的物质需要还是精神生活需要的满足,都在相对有了基本保障的现实下,引导人民美好生活需要相比于需要的满足,其意义更为重要。可见,新时代人民的需要是否合理,会直接影响社会大局的和谐稳定,影响人民的获得感、幸福感、安全感。因此,无论是处于何种发展层面的群体,还是个人,对新时代美好生活的需要都应建立在理性认识与合理诉求的基础之上。

当前,我国总体上已全面建成小康社会,为人的全面发展提供了坚实的物质条件。但富裕生活不完全等于美好生活,面对新时代

---

[1] 马克思. 1844 年经济学哲学手稿 [M]. 北京:人民出版社,2004:120.

富裕的生活，更凸显出精神追求的重要意义。习近平总书记早前就提出，"真正的社会主义不能仅仅理解为生产力的高度发展，还必须有高度发展的精神文明——一方面要让人民过上比较富足的生活，另一方面要提高人民的思想道德水平和科学文化水平，这才是真正意义上的脱贫致富"①，才是真正意义上的美好生活，才能促进人的全面发展。

因此，要实现新时代美好生活的意义，这不仅需要我们党"抓好社会主义精神文明建设，为全国各族人民不断前进提供坚强的思想保证、强大的精神力量、丰润的道德滋养"②，并且物质生活富裕与精神生活富裕是共同富裕的内在要求，这也更需要全体人民以人的全面发展眼光，合理配置我们新时代的生活需要，把我们的物质需要和精神追求统一起来，增加我们的思想文化及道德水平提升的需要，强化坚定的社会主义理想信念，以更加主动的精神力量奋力实现第二个百年目标。这样，我们的新时代美好生活才能自觉抵制只注重物质生活享乐、追求感官刺激的生活方式，形成健康文明的生活方式，推进全体人民共同富裕，促进人的全面发展，传播出新时代美好生活的正能量。

四、新时代美好生活是人本和谐的生活

人本和谐是新时代美好生活的重要保障和体现。人本和谐是社会主义的内在要求和本质体现，也是中华优秀传统文化的价值追求，

---

① 习近平. 摆脱贫困 [M]. 福州：福建人民出版社，1992：2.
② 习近平关于社会主义文化建设论述摘编 [M]. 北京：中央文献出版社，2017：10.

这也决定了新时代美好生活必然是人本和谐的。马克思指出，人本和谐的精神"是人和自然之间、人和人之间矛盾的真正解决"①。

马克思认为，社会生活不是简单地由个人构成的，"而是表示这些个人彼此发生的那些联系和关系的总和"②。这表明，社会生活是一个关系综合体。可见，新时代人本和谐的美好生活要体现在人与人、人与社会、人与自然及人与自我之间的关系上，体现在人民新时代生活的过程中。因此，构建新时代人本和谐的美好生活，更多的是需要广大人民群众在社会生活中践行人本和谐的理念，以实际行动营造新时代的生活关系。

（一）人际关系和谐

马克思指出，社会生活"是人们交互活动的产物"③。可见，人际关系是社会生活中最为重要的关系，其和谐融洽程度直接反映着社会生活的状态。同样，新时代美好生活是否和谐融洽很大程度上取决于人际关系的状态。因此，构建和谐融洽的人际关系是新时代美好生活的重中之重。这不仅需要国家层面的规范引导，更需要广大人民群众在社会生活交互活动中，贯彻以人为本的理念，达成共建共享。

简单地说，以人为本就是要尊重人、爱护人、呵护人。中华优秀传统文化包含着丰富的以人为本思想和优秀传统，如"和而不同"（《论语·子路》），"和实生物，同则不继"（《国语·郑语》），

---

① 马克思. 1844年经济学哲学手稿［M］. 北京：人民出版社，2004：81.
② 马克思恩格斯选集：第4卷［M］. 北京：人民出版社，1995：532.
③ 马克思恩格斯选集：第4卷［M］. 北京：人民出版社，1995：532.

第二章 新时代美好生活的特性与意蕴

"仁者爱人"(《孟子·离娄下》),"推己及人"(《论语·卫灵公》),"己所不欲,勿施于人"(《论语·颜渊篇第十二章》),"与人为善"(《孟子·公孙丑上》),"出入相友,守望相助"(《孟子·滕文公上》),"老吾老,以及人之老;幼吾幼,以及人之幼"(《孟子·梁惠王上》)等,都可为我们新时代增进人际关系的参考和借鉴。正如习近平总书记指出的,"中国优秀传统文化的丰富哲学思想、人文精神、教化思想、道德理念等,可以为人们认识和改造世界提供有益启迪,可以为治国理政提供有益启示,也可以为道德建设提供有益启发"①。

以人为本不是一个单向度的词语,而是一种交互的过程。它不仅是人与人之间的互动,还是人与社会之间的互动。因此,以人为本不仅是必然体现在政府的工作中,还应体现在人民的社会生活中,也就是说,政府与个人、不同阶层之间的互动都应体现着以人为本的理念,只有这样,才能构建出新时代和谐的人际交互关系,并实现良性发展,为共同美好生活创造基础保障。

同时,马克思指出,"人对自身的关系只有通过他对他人的关系,才成为对他来说是对象性的、现实的关系"②,"个人怎样表现自己的生活,他们自己就是怎样"③。这表明,人际关系直接影响人与自我的关系。也就是说,一个人只有以以人为本的理念处理人际关系,他才能实现对自我的以人为本,和谐的身心,更好享受美好生活。从这一点上,我们可以说"不是神也不是自然界,只有人自

---

① 习近平关于社会主义文化建设论述摘编[M].北京:中央文献出版社,2017:10.
② 马克思.1844年经济学哲学手稿[M].北京:人民出版社,2004:60.
③ 马克思恩格斯选集:第1卷[M].北京:人民出版社,1995:67—68.

身才能成为统治人的异己力量"①。

(二) 人与自然和谐共生

自然界是人类赖以生存和发展的基础。人源于自然界,并以实践为中介改造自然界,获取物质,满足自身需要。正如马克思所说,"人是自然界的一部分"②,"没有自然界,没有感性的外部世界,工人什么也不能创造"③。可见,社会生活过程也是人改造自然界并与之交互活动的过程。在这个过程中,人的实践不断使自在的自然界生成为人化的自然界,以致"自然界是人为了不致死亡而必须与之处于持续不断的交互作用过程的、人的身体"④,形成休戚与共的交互关系。

党的十九大报告指出,"像对待生命一样对待生态环境","形成绿色发展方式和生活方式,坚定走生产发展、生活富裕、生态良好的文明发展道路,建设美丽中国,为人民创造良好生产生活环境"。可见,绿色低碳不仅是发展新理念的必然要求,也是新时代生活方式的必然选择。从宏观层面来看,绿色经济是修复和保护生态的重要手段;从微观层面来看,绿色低碳生活更有基础性作用。虽然微观生活的主要内容是消费,但人民在衣食住行中的消费观念,会直接传递到新时代的生产观念上。因此,保护生态,促进绿色发展需要全体人民的共同努力,这体现在个体身上就是要倡导以消费

---

① 马克思恩格斯选集:第1卷 [M]. 北京:人民出版社,1995:48-49.
② 马克思. 1844年经济学哲学手稿 [M]. 北京:人民出版社,2004:57.
③ 马克思. 1844年经济学哲学手稿 [M]. 北京:人民出版社,2004:53.
④ 马克思. 1844年经济学哲学手稿 [M]. 北京:人民出版社,2004:66.

为重点的绿色低碳生活方式,形成合力,改进生态关系,共创更加美好的生活。

综上所述,新时代美好生活的认识蕴含着丰富内涵,具有鲜明的时代特色和时代内容,解答了在发展不平衡不充分条件下"什么是美好生活,怎样创造美好生活,如何过美好生活"的理论和现实问题。这些问题的解答,不仅有利于我们更好迈进新时代美好生活、拥抱新时代美好生活,体验更多的获得感、幸福感、安全感,还有利于社会主义和谐社会的建设和社会主义核心价值观的弘扬。

小结

美好生活及其需要具有内外统一的辩证运动关系,人的需要不是一成不变的,而是随着社会的推移不断发展演变的。美国心理学家马斯洛在1943年发表的《人类激励理论》中将人类需要由低到高依次划分为五个层次,即生理需要、安全需要、社交需要、尊重需要和自我实现需要。在这里,自我实现需要是指人们对道德、创造力、公平公正和自我价值实现的追求,它是人们在满足了生存需要和享受需要之后产生的更高层次的需要。

人的需要的不断发展,其实现程度和方式取决于生产力发展水平、经济体制与社会制度的性质。需要的释放和满足是一个社会繁荣兴盛的重要标志。从中国的发展实践来看,党的八大明确提出"我们国内的主要矛盾已经是人民对于建立先进的工业国的要求同落后的农业国的现实之间的矛盾,已经是人民对于经济文化迅速发展的需要同当前经济文化不能满足人民需要的状况之间的矛盾",到党的十一届六中全会确立的"人民日益增长的物质文化需要同落后的社会生产之间的矛盾",再到党的十九大提出的"人民日益增长的美好生活需要和不平衡不充分发展之间的矛盾",人民群众的需要从"物质需要"到"物质文化需要"再到"人民美好生活需要",这是一个由低级到高级不断发展的过程,体现了人的需要的层次性,完全符合马克思关于人的需要理论。马克思关于人的需要理论,不仅仅揭示了人的需要的实质,还构建了人的需要的层次结构,为科学判断中国社会主要矛盾提供了理论依据,更为研究新时代人民美好生活需要,构建人民美好生活需要的衡量指标体系提供了理论基础和学理依据。

改革开放以来,我国人民的需要发生了重大变化,需要满足的程度逐步提高,满足的方式日趋多样化,已经从日益增长的物质文化需要演变为日益增长的美好生活需要。中国特色社会主义进入新时代,必须进一步解放和发展社会生产力,实现经济的高质量发展,进一步全面深化改革,以满足人民对新时代美好生活的新期待,焕发社会的生机活力,为开启全面建设社会主义现代化新征程提供不竭动力。同样,新时代美好生活也只能靠辛勤劳动来创造,正像习近平总书记所说的那样,"人世间的一切幸福都是要靠辛勤的劳动来创造的"①,"幸福都是奋斗出来的"②。

回顾改革开放40多年波澜壮阔的伟大实践,可以清晰地看到,社会发展带来一系列矛盾的深刻变化。在生产力水平大幅提高、综合国力不断增强的同时,经济发展的质量效益、创新能力和实体经

---

① 习近平关于社会主义社会建设论述摘编[M]. 北京:中央文献出版社,2017:4.
② 国家主席习近平发表二〇一八年新年贺词[N]. 人民日报,2018-01-01 (1).

济水平等已不适应经济高质量发展的内在要求；在物质财富持续大量增加、人民生活总体达到小康的同时，城乡区域发展和收入分配差距依然较大，群众在就业、教育、医疗、居住、养老等方面面临不少难题，资源环境压力日益凸显，社会文明水平和脱贫攻坚任务亟须迈上新台阶……种种迹象表明，面对人民日益广泛的美好生活需要，发展不平衡不充分是主要制约因素。

什么是新时代美好生活？这不仅是一个实践问题，也是一个重大理论问题。它涉及我们党工作的重点和方向；同时也是哲学社会科学工作者要思考的重大问题，因为它牵连对生活的一些根本性问题的思考。哲学社会科学要关注现实问题、回归生活世界，就不能忽视对"什么样的生活值得过"或者"人应该怎样生活"问题的思考。而对美好生活的现实实践，则是哲学社会科学工作者从我国改革发展的实践中挖掘新材料、发现新问题的一个重要切入点。从生活哲学的视域看，美好生活至少应具有其基本特性。

人民有需求，国家有力量；人民有愿望，国家有希望。在实现人们对美好生活需求的愿景中，我们要始终坚持党的领导，要相信党有解决这一矛盾的决心和能力。中国共产党是中华民族和中国人民的先锋队，始终代表着人民最广大的根本利益，代表中国最先进的生产力发展要求，代表着中国先进文化的前进方向。长期以来，党和政府始终以人民的根本利益为奋斗目标。现阶段，实现人民群众对美好生活的愿景是党坚定不移的奋斗目标。当然，虽然我国现阶段的社会发展依然存在着不平衡不充分的问题，但是我们要充分认识解决这一问题的长期性和艰巨性。

第三章 新时代美好生活需要指标体系

社会主义的生产最终都是为了满足人们的美好生活需要,既包含社会的需要,又包含个人的需要。随着社会生产力的变革,人们的生活方式和思想方式的不断发展,人们也有了更高层次的需要,向往更和谐的人际关系、生态关系,向往更高质量的生活。因此,对文化、生态环境、民主、公平等有了更高的向往。这就在很大程度上刺激社会生产进一步的提高,国家对文化、生态、民主、公平方面要做出重大的政策调整,以便满足人们的美好生活需求。可见,开展人民美好生活需要衡量指标体系研究是评估党和政府工作成效的现实需要。

第一节 幸福生活指标体系

纵观当前国内外相关的、已较为成熟的指标体系研究,与人民美好生活需要指标体系研究关联较大的一个指数研究是国民幸福指数研究。这是因为人民美好生活的需要和国民的幸福一样，都体现着一种客观物质清晰的量化标准与主观心理感受的情绪体验及获得感的满足状态。除了有关幸福指数的研究以外，国外类似的指标体系研究还有人类发展指数、社会进步指数、社会质量指标体系等；国内类似的指标体系研究还有小康社会指标体系、社会质量指标体系、生活质量指标体系、中国民生发展指数、中国发展指数等。

一、国民幸福指数

国民幸福指数，是指反映国民生活质量和幸福程度的指标。1970年，不丹国王辛格·旺楚克第一次提出国民幸福总值GNH（Gross National Happiness）的概念。它是针对国内生产总值（GDP）指标不能反映国民的生活质量，不能测度国民的幸福程度，不能反映经济的可持续发展而提出的。GNH这一指标体系包括政府善治、经济增长、文化发展和环境保护四大方面。不丹的居民幸福感指数主要在政府善治、社会与经济的可持续发展、文化保护与促进、环境保护等四大支柱的框架下，从心理幸福感、生活水平、政府善治、健康、教育、文化、时间利用、社区活力、生态的多样性与恢复能力等9个方面的33项具体指标进行测算。

美国心理学家卡尼曼与普林斯顿大学的艾伦·克鲁格从2006年起编制国民幸福指数NHI（National Happiness Index）。这个指数由四级指标体系构成：社会健康指数、社会福利指数、社会文明指数、生态环境指数。每一级指标体系中都由若干个指标构成，指数的计算采用加权平均法。国民幸福指数的提出对于转变发展的观念有着重要意义，但它不能完全表征和度量经济发展状况。

此外，德国居民幸福感指标主要是涉及生活中的14个主要领域——收入与收入分配、健康、教育、住房、劳动力市场与工作条件、社会经济地位与主观阶层地位、环境、工作态度与满意度、闲暇与娱乐消费、交通、婚姻与家庭、社会参与、公共安全与犯罪以及全球福利状况等。应该说，伴随着经济全球化、文化全球化进程的不断推进，世界各国政府对公民幸福感的衡量评价已从单一的经济类指标转向涵盖政治、经济、文化、社会、生态环境等诸多指标在内的综合性衡量评价，而且具体指标的设计也越来越精细化。

二、居民幸福指数/美好生活指数

从国内相关幸福指数的研究来看，虽然起步较晚，但发展迅速，既有国家宏观层面的幸福指数研究，也有中观层面的省、市级的幸福指数调查，还有公民微观层面的调查，积累了较为丰富的经验。如中国社会科学院2004年曾组织过全国性的幸福指数抽样调查；河北省、广东省也曾开展过关于居民幸福指数的省域调查和研究。此外，还有一些学者从公民个体层面进行了相关研究，如学者邢占军基于公民个体生活境况和与周围环境的互动，从12个方面构建了国民幸福指数的评价指标[①]。

2018年3月7日，全国两会期间，央视首次发布了2017—2018年度"中国美好生活指数"。这是继党的十九大以来，中国主流媒体

---

① 邢占军，刘珍. 基于输出型指标的我国公民幸福指数评价研究 [J]. 山东社会科学，2015, 6 (6): 37-44.

首次发布"中国美好生活指数"。该调查发现，住房条件、收入水平、家庭和谐、人际交往、健康状况、心态情绪、物价水平、教育培训、法制观念、生态环境、孩子成长、养老质量、社会保障，是影响中国人"美好生活"感受的核心指标，提升这13项指标的满意度，就能整体提升"中国美好生活指数"。总体来讲，国内关于幸福指数的研究主要是从公共政策的层面入手。这样的研究针对的是社会发展的目标导向以及对特定社会进步与发展状况的评价，目的性非常明确，其目的在于帮助不同层面的决策者更好地进行公共决策，提高民众的获得感、幸福感、安全感等，使民众能够享有更加美好的生活。

表3-1 2017—2018年度"中国美好生活指数"

一级指标	二级指标（38）
获得感 幸福感 安全感	薪酬水平、物价水平、福利水平、工作强度、晋升空间、住房条件、养老质量、孩子成长、自我价值、消费便利、政府办事效率、政府服务意识、教育培训、治安状况、信息安全、食品安全、财产安全、生态环境、社会保障、诚信状况、法制观念、道德规范、行业前景、交通状况、廉政反腐、政商关系、收入水平、健康状况、家庭和谐、人际社交、社会认同、心态情绪、业余生活、精神追求、榜样力量、文化自信、同事关系、团队文化

此外，国内还出现了以定量分析的方法研究我国居民的需求变化，为美好生活的实现提供了行动纲领和指导性意见。如运用数据分析法对我国居民自改革开放以来的需求变化进行分析，结果表明，我国人民已经由强调经济和人身安全的物质主义走向强调自主与自

我实现的后物质主义阶段,并处于这一转变过程的最早期①;又如"建立了一个人民美好生活的需求指标体系,并利用该体系对2007—2016年河南省人民对美好生活的需求变化进行分析。结果显示,物质生活需求是人民一直以来的不断追求;从2012年开始,人民对精神文化需求、社会需求、资源环境、共同富裕的需求程度增长快于对经济的需求;从2014年开始人民对民主法治的需求迅速提升"②。这些指数的研究可以为构建人民美好生活需要指标体系提供借鉴和参考。

第二节 新时代美好生活需要指标体系的构建

不断满足人民日益增长的美好生活需要是党对人民做出的庄严承诺,也体现了党对新时代我国社会主要矛盾发生转变的正确把握。当前国内外诸多的类似指标体系研究,对开展人民美好生活需要衡量指标体系构建具有借鉴意义,但缺乏本土化特色。笔者认为,人民美好生活需要衡量指标体系的设计应从经济信心、社会和谐、文化丰富、生态文明和政治善治等五个方面着手,构建起具有中国特色的人民美好生活需要衡量指标体系分析框架。

---

① 佟德志,刘琳. 美好生活需要与中国社会主要矛盾的变迁分析:基于1990—2012年世界价值观调查(WVS)数据的分析 [J]. 理论与改革,2019,2(2):39-50.
② 石岩. 人民美好生活需求指标体系的建立与应用 [J]. 中国市场,2019,6(6):20-21.

一、指标体系构建的依据

经过改革开放40多年的发展，我国社会生产力水平明显提高，人民生活显著改善，对美好生活的向往更加强烈。中国特色社会主义进入新时代，人民群众的需要呈现多样化、多层次、多方面的特点，期盼有更好的教育、更稳定的工作、更满意的收入、更可靠的社会保障、更高水平的医疗卫生服务、更舒适的居住条件、更优美的环境、更丰富的精神文化生活。对此，党的十九大报告指出，中国特色社会主义进入新时代，人民美好生活需要日益广泛，不仅对物质文化生活提出了更高要求，而且在民主、法治、公平、正义、安全、环境等方面的要求日益增长。

（一）人民美好生活正当、合理需要的范畴

新时代美好生活需要指数体系的构建是我国经济社会发展的客观必然，因此，体系构建必须要抓住人民美好生活的合理需要。依据党的十九大报告内容解读及人民生活状态，本书把其归结为：一是经济需要，具体体现在收入的水平结构比例、持续增长情况和支出的结构比例、倾向偏好等方面，在指标设计中我们可以归纳为经济信心程度；二是政治需要，主要包括政府信任、政治决策等，在指标设计中我们可以归纳为政治善治程度；三是社会需要，具体体现在教育、医疗卫生、社会保障等方面，在指标设计中我们可以归纳为社会和谐程度；四是文化需要，体现在精神产品的供给、文化需要的强烈程度等方面，在指标设计中我们可以归纳为文化丰富程

度;五是生态需要,具体体现在环境和生态的关注程度、认可程度、愉悦程度等方面,在指标设计中我们可以归纳为生态文明程度。

这里需要特别指出的是,虽然习近平总书记在讲话中并没有明确提出政治方面的民众诉求,但其他四个方面的诉求都与政治内涵诉求有着很大关联,其他内涵的满足取决于民众对政府工作作风的认可程度及对政府工作成效的优劣评价。因此,政治内涵其实是隐含在内,不能忽略。对这个内涵的五维解读有助于厘清人民美好生活需要的多重界定,更有助于构建人民美好生活需要衡量的指标体系。

(二) 新时代美好生活需要指数体系构建的原则

人民美好生活需要是在我国社会主要矛盾发生全局性、历史性变化基础上的必然趋势,并且满足人民美好生活不仅可以继续推动经济、政治、文化、社会、生态等方面发展,更好推动人的全面发展、社会全面进步,还可以推动解决当前经济社会发展不平衡不充分问题。因此,研究并制定科学的人民美好生活指标体系、分析新时代人民美好生活合理需要变化态势显得尤为重要。

1. 简明科学性

指标体系指的是由若干个相互联系的统计指标组成的,体现整体性、系统性、全面性的有机体。本书设置的指标体系应能够科学、准确地反映新时代人民美好生活需要的内容和特征。在指标选取上应选取具有代表性的指标,并注意指标之间不重不漏及其影响制约关系的客观性。

2. 综合系统性

新时代人民美好生活需求指标体系包括"硬需要"，主要包括教育、工作、收入、社会保障、医疗卫生服务、居住条件、环境、精神文化生活，以及新生的民主、法治、公平、正义、安全、环境、共同富裕、人的全面发展、社会全面进步等"软需要"。指标体系是将"硬需要"和"软需要"建立一个互为联系的有机整体。

3. 数据可获性

新时代人民美好生活需求指标体系应在可行性基础上，获取统计数据信息，并据此选择相应的指标。目前，我国数据信息完全公开化还有一段距离，这难免对于数据的分析上会存在一定误差。为确保数据准确性，数据应源于国家和地方统计局网站的统计年鉴以及各部委网站公布的相关统计公报。

4. 动态可比性

新时代人民美好生活需要变化研究的重点在于"变化"二字。因此，研究手段主要采取纵向与横向的比较，动态收集需要的相关指标数据。同时，随着时间变化，指标统计口径、计算方法会略有不同，所以在指标体系设置过程中力求指标数据口径一致、计算方法一致，从而保证数据在纵向与横向的基础上进行动态比较。

二、指数体系内容的设计

基于以上对新时代人民美好生活需要基本内涵的解读与剖析，本书重点构建一套有关衡量新时代美好生活需要的、具有一般意义的指标体系，以期为全国层面的实证研究提供一个可供参考的初步分析框架。

(一) 内容设计的遵循

新时代人民美好生活需要在具体的内容设计中主要有三个遵循：一是本土化，即从中国特色社会主义的基本国情出发，与党和国家的政策相结合、与当前人民生活实际状态相结合；二是关键性，即在每一项具体内容的三级指标中，抓住对影响二级指标的关键性因素，切实进行评价和衡量；三是实效性，即指标体系简化明了，具有较强的可操作性，且能体现新时代美好生活需要的客观规律和人民的主观感受，并实现得出的调查结论能为党和国家的科学决策提供依据。

(二) 内容设计的指标

新时代美好生活需要体系的设计设置了三级指标：一级指标为"人民美好生活需要"总指标；二级指标设为5个指标，分别为"经济领域""社会领域""生态领域""文化领域""政治领域"，这5个指标与上文新时代美好生活需要的5个层面的内涵一一对应；三级指标设为15个，其设计思路从相关满意度与相关预期值2个层面出发，并把这2个层面做成可以对比分析的数值，在对比中寻找差异程度和推进下一步工作的重点。具体指标体系详见表3-2。

表 3-2 人民美好生活需要衡量指标体系

一级指标	二级指标	三级指标
美好生活需要	经济领域	对今后经济增长的预判
		对未来收入、支出的预判
		对家庭收入的满意度
	社会领域	对今后社会和谐的预判
		对当前社会保障（养老、医疗、教育、就业等）的满意度
		对社会安全感的评价
	生态领域	对目前生态环境的满意度
		对当前环境问题（空气、水、噪声等）的评价
		对生态环境预期的评价
	文化领域	对主流价值观的认可度和接受度
		对精神生活的满意度
		对自身心理状况的评价
	政治领域	基于过程的政府信任状况
		基于结果的政府信任状况
		对当前腐败问题的评价

（三）内容的设计

1. 经济领域指标设计

经济因素是新时代美好生活的基本参照，是衡量生活幸福与否的硬性指标。从整个社会运行的角度来讲，其经济发展水平决定了人民的生活质量，而生活质量又直接影响人民对美好生活的感受。因此，人民对经济发展现状和前景的感受与预期将在一定程度上决定着人民对美好生活需要的切身感受。此外，作为美好生活基础保障的重要组成部分，经济因素还会对人民的思想观念产生影响。

一定意义上讲，经济实力强大且前景较好，可提高人民对其他生活领域的满意度，如政治公平、社会信任等。当然，经济总体实力的不断增强也可能会提升人民对其他生活领域的期望值，如教育、医疗、安全及社会民生保障等。在具体指标设计中，本体系的主要测评点是收入和支出及其满意度与期望值，因为收入与支出水平及其前景是最能体现人民经济信心的关键性因素。对应考察经济信心指标的方面主要包括三个：一是人民对当前家庭经济收入的满意度，以经济收入的视角来衡量评估人民在经济生活方面的获得感；二是人民对未来整体社会经济发展前景的预判，以此来衡量评估人民对未来国家宏观经济运行趋势的信心程度和社会经济运行水平的主观预期；三是人民对未来经济收入与支出情况的预判，特别是对未来收入水平、收入公平、物价水平、家庭财产以及消费支付能力等多个方面。

2. 社会领域指标设计

民生是"国之大者"，是人民幸福之基，社会和谐之本。因此，从社会和谐视角阐释人民新时代美好生活需要的内涵及其侧重点，主要在于与人民切身利益相关的民生问题和社会安全稳定问题，旨在反映人民美好生活的社会保障条件和社会关系融洽程度。社会和谐指标的构建，主要包括以下三个方面。一是对当前与人民切身利益相关的诸多民生问题的满意度，如医疗、教育、养老、住房、社会保障、就业等问题解决情况。二是对未来社会和谐程度的预判，与民生问题满意度的指标内容相对应,主要衡量评估人民对未来医疗、教育、养老、住房、社会保障和就业等发展水平的预期。以上两个方面分别从获得感和期望值两个视角进行的评测,也同时回应了以保障和改善民生为重点社会建设的实效评估问题。三是对当前社会安全稳定的评价,亦可称为人民对社会安全稳定的满意程度及期望水准。安全同样是民生之本,是人民美好生活的最基本要求,关乎人民衣食住行与社会和谐。社会安全稳定是衡量评估新时代人民生活是否美好的重要指标之一,也是考察一个社会和谐与否的硬性指标。

3. 生态领域指标设计

美好生活蕴含着人的审美需要,有对优美生态环境的审美情操。优美的生态环境是新时代美好生活需要的应有之义,党的十九大报告中也明确指出,"既要创造更多物质财富和精神财富以满足人民日益增长的美好生活需要,也要提供更多优质生态产品以满足人民日益增长的优美生态环境需要"①,改善生态环境、建设生态文明是满足人民生态需要、推进人的身心健康和全面发展的根本途径。生态文明不仅是新时代人民美好生活需要的重要内容之一,也体现着人民社会生活的文明程度与人民生活品质的提高。

人民对优美生态环境的强烈需要,体现在与民众生活需要切身生活相关的环境要素上,也反映了社会的全面进步和社会文明程度的提高。生态环境是一个大的系统,是包含着水环境、大气环境、

---

① 习近平. 决胜全面建成小康社会 夺取新时代中国特色社会主义伟大胜利 [N]. 人民日报,2017-10-28(1).

土壤环境、生态环境、地质环境、噪声等环境要素的一个综合体。生态文明指标的主要设计基于三个方面：一是对当前生态环境问题的总体评价；二是对人民切身感受的空气、水、土壤、空间等主要环境影响要素进行测评；三是人民对未来生态环境改善、人与自然和谐共生实现程度的预期。

4. 文化领域指标设计

文化是社会的产物，是人的生活重要组成部分，是衡量一个国家、一个社会文化丰富与否的重要考核指标。新时代美好生活需要必然包含着文化的内容，尤其是物质文化发展到一定程度，对精神文化的需求显得越来越迫切。精神生活是人特有的现象，追求高质量的精神生活是人自由全面发展的需要。改善和提高人民精神生活品质，提供越来越好的文化条件和文化产品，不断满足人民精神生活需要，是社会主义先进文化建设的一个根本任务。

文化领域指标的设计主要围绕人民精神文化生活展开，具体体现在以下三个方面。一是人民对社会主义核心价值观的认可和接受程度，从认知认同、情感认同和行为认同三个维度考察。社会主义核心价值观是新时代引领人民群众价值观念和提升人民群众精神境界的关键，是当代中国的主流价值观。二是考察人民群众对当前精神文化生活及文化产品供给的满意度。三是从个体角度，测评人民群众的生活精神状况和精神风貌，主要包括历史感、使命感、体验感、压力感、焦虑度、幸福度等，评估影响人民群众精神文化满意度与期望值的主要影响因素，明确推进社会主义先进文化建设的主攻方向。

5. 政治领域指标设计

人民群众对美好生活的需要从直观层面看，是对医疗、教育、养老、就业、社会保障等民生的需要，但实际上从深层次来讲，涵盖了人民群众对民主、法治、公平、正义等政治生态的诉求，是对政治善治的期待。从公民权利与义务的对应来看，国家和政府对人民群众安全、教育、住房、医疗、就业、社会保障等基本权利一系列保障的过程，本身也是国家和政府保障与促进人民群众更好实现美好生活基本权利的过程。

政治领域指标的设计主要涵盖以下三个方面：一是基于过程的政府信任度评价，主要考察在日常生活中办理各项事务以及与行政执法等政府部门打交道时，人民群众对政府部门效率及其工作人员态度的评价，如政府部门作风、办事效率、办事方便程度、工作态度等；二是基于结果的政府信任度评价，主要考察人民群众对政府部门办理各项事务情况及其满意度的主观评价，如对党员干部履行职责职务公正公开程度的评价，对政府解决社会问题、民生问题的满意度，对政府机构制定政策及其执行、落实情况的评价等；三是对政府部门及其工作人员腐败问题的评价，腐败问题是影响人民群众主观评价政治公正、善治的关键所在，人民群众对政府部门及其工作人员腐败问题的感受，在一定程度上影响着人民群众对政治公正、善治的信心，该指标的衡量评价对新时代美好生活实现具有很强的现实意义。

小结

"美好生活"既是一个历史性概念，又是一个理想性概念。一方面，准确理解"美好生活"的发生逻辑必须回到历史视域中，即回到这一概念曾经所处的中国近现代历史中去考察；另一方面，准确把握对于进入新时代、处于新的历史方位中的中国特色社会主义所追求的"美好生活"这一概念，又必须回到中国特色社会主义建设的生动实践当中。基于此，本章从"美好生活"的国家和社会这一前提性要素、需求和活力这一标志性要素、价值和前景这一本质性要素的多重维度，来尝试构建"美好生活"的要素体系，并进而阐释其基本特征，构建新时代美好生活需要的衡量指标体系。

目标决定行动，目标引领未来。人作为历史过程的人和社会关系的人，只有对未来有盼望和追求，才能追求生命的价值和意义；只有在可实现的可期前景下，才能具有获得感、幸福感、安全感，进而推动社会历史的发展和人类文明的进步。因此，也正是在这种思维方式中，一方面，新时代美好生活的提出体现了中国人民对未来的一种盼望和追求；另一方面，新时代美好生活作为新时代我们追求的目标，并非虚无缥缈和遥不可及，而是可以在看得见的将来不断得以实现，具言之，即能够拥有未来，能够看见未来，能够实现未来。从本质上的层面而言，可追求性与可期待性正是一个国家或民族得以朝气蓬勃、活力迸发和不断发展，一个家庭或个体得以充实现实世界和意义世界的本真所在。

开展人民美好生活需要衡量指标体系研究是一项复杂的工作。首先，从理论依据来讲，理论研究是开展实证调查的前提，从已有的研究文献来看，理论研究还很薄弱，对开展实证调查研究缺乏强有力的理论支撑。其次，从学科要求来讲，该研究涉及社会学、心理学、经济学、政治学等诸多学科内容，各个学科之间实证研究方法也不尽相同，要在一个实证调查中科学完整地体现各个学科之间的交叉具有很大难度。再次，从数据处理来讲，设计的五个指标之间重要性上很难科学合理地设定，因此在相关指标权重赋分上存在一定的难度，也就很难最终得出一个标准量化的关于新时代人民美好生活的指标分数。最后，从已有的类似实证研究成果来看，无论是宏观的国家、社会层面的研究还是微观的公民个体方面的研究，都还存在一定的欠缺。如宏观层面的类似指标研究，大都借鉴了国外的指标体系，大都是国外类似研究的引进或介绍，缺乏本土化的特色；微观层面的类似指标研究，仅仅聚焦个体层面的主观心理感受，或者仅仅局限在满意度的研究，而忽视了个体的心理预期评估。所以，开展新时代人民美好生活需要衡量指标体系及其构建研究是一项具有挑战性、复杂性的系统工程。

随着中国特色社会主义进入新时代、社会主要矛盾发生重大转化，人民美好生活需要相关研究的重要性和必要性越来越凸显，该方面成为一个亟须厘清和解决的重大课题。从党和国家工作的角度来讲，一方面，满足人民群众对美好生活的需要已成为党和国家对人民做出的庄严承诺，为这个承诺而开展的具体工作的实际成效如何，该如何评估；另一方面，在成效评估的基础上，当前已开展的工作中还有哪些短板，应在哪些方面继续着力等。这些都是需要解决的现实问题。从人民群众自身来讲，经过人民美好生活需要指标衡量评估以后，人民群众有可能对自身的主观生活状态加以理性地把握和认识，发现自身主观生活需求的特点和预期，帮助人民群众对自己的人生规划和生活期望予以反思与调整，从而真正实现认识自我、发展自我、完善自我的全面发展。因此，在一定程度上，人民美好生活需要指标衡量体系是改革目标实现程度的重要"指示器"、监测社会是否良性运转的"预警器"、了解人民群众需求满足变化的"晴雨表"。

综上所述，新时代人民美好生活需要衡量指标体系研究既具有挑战性，又具有很强的政策需求和实用价值。在新时代背景下，开展该研究需要充分阐释其学理依据，要在凝聚社会、政府和学界共识的基础上，构建具有科学依据和适用性的衡量指标体系，充分发挥指标体系的目标导向功能、监测诊断功能和考核评价功能，为政府政策的制定、调整和完善提供更为准确的参考依据，更好地推动满足人民美好生活需要的中国道路的实践探索。

第四章　新时代人民美好生活的态势

改革开放 40 多年来，我们党团结带领全国各族人民不懈奋斗，人民群众的"物质文化需要"已基本满足，"落后的社会生产"已成为历史词汇，"美好生活的向往"由此应运而生。我国社会生产能力在很多方面已经进入世界前列的情况下，人民群众不仅需要经济增长，也需要经济发展与生态保护的双赢，软实力与硬实力的匹配；不仅满足于"一部分人先富起来"，更呼唤先发地区与后发地区的统筹，"人的全面发展"与中国社会发展的同程。改革开放早期提出的"富口袋"和"富脑袋"不再是口号与标语。当前，人民普遍关注权利平等、机会平等、规则平等，对民主、法治、公平、正义、安全、环境等方面的要求日益增长。因此，深刻把握时代特点，精准把握人民美好生活合理需要的态势及需要合理的状况，意义重大。

第一节　人民美好生活合理需要的现状

中国特色社会主义进入新时代，今天的中华民族迎来了从站起来、富起来到强起来的伟大飞跃，当中国已经成为全球第二大经济体、第一大贸易国、第一大外汇储备国，当中国的发展成为世界当代史中极富传奇性的一章，创造人类脱贫史的奇迹，人民对发展的质量、持续性、获得感都有了更高要求。人民对美好生活的追求是一个动态的演进过程，实现人民的美好生活必然要经历"需要—实践—满足—新的需要"过程。随着物质生活水平的提高，人民对美好生活正当、合理需要的内涵和价值界定也在逐渐发展。

一、更高水平与品质的物质生活需要

随着社会生产力水平不断得到提高，我国发生了翻天覆地的变化，生产出丰富多样的物质产品，在全球经济发展的历史上创造了"中国奇迹"。人民对于物质文化生活的需要也在不断提质升级，越来越丰富多样，可以说，中华民族从来没有像现在这样接近美好生活的前景、接近中华民族复兴的伟大目标。但是在创造"中国奇迹"的同时，也给我们带来了许多"成长的烦恼"，当今我们的发展面对着经济全球化带来的前所未有的挑战和风险，在全球经济萎靡、新冠肺炎疫情冲击下，加之发展的不平衡不充分的困扰，中国的发展充满了机遇与挑战。然而，中华民族伟大复兴的趋势不可逆转，人民的生活水平必然不断提高，这使得中国人民对于美好生活的向往更加的强烈。

改革开放以来，我国经济社会建设取得了巨大成就，社会生产力得到了极大发展，社会财富快速增长。在中国特色社会主义新时代，全面建成小康社会的今天，人民的物质生活需要迎来了历史性的跨越。当下，人们已经不再满足于基本的"吃饱""穿暖"和一套住房、一笔存款、生老病死的一些底线保障和要求，而是正在追求饮食"吃好"、环境"宜居"、衣着"穿美"等高要求，生活不仅要小康更要富裕，不仅要数量更要质量、档次和品质。在宏观方面，人民希望生活的环境安定和谐、蓝天白云、绿水青山；在更具体的民生方面，人民希望幼有所育、学有所教、劳有所得、病有所医、老有所养、住有所居、弱有所扶。中国人民盼望最关心的问题能够得到很好的解决，生活有更多的获得感、幸福感、安全感。

伴随绿色、健康、美丽的物质生活高级需要，人们的物质消费范围也在不断拓展，消费层次不断提升。从对个人物品消费的需求逐渐向对社会公共物品的需求转移，由单一平面的消费向立体多维的消费转换，由纯粹性物质需要到物质文化性需要再转向文化性物质需要。总之，在新时代，人民期待吃得更健康、穿得更美丽、住得更舒适、行得更便捷、环境更优美，期盼有更好的教育、更稳定的工作、更满意的收入、更可靠的社会保障、更高水平的医疗卫生服务。

二、更加丰富而深刻的精神需要

精神生活是人在有意识的生命活动和过程中，体现出的人之为人的本质，是体现生活意义的最重要部分。当物质生活水平提高到一定程度，在现代社会，物质财富与精神文化软实力成为国家综合国力的重要组成部分。精神生活的价值越来越彰显，人民的精神需求越来越强烈，也被给予了越来越多的关注。精神生活已经成为美好生活的重要组成部分，其水平、层次的发展极大影响着美好生活的发展趋势，决定着美好生活的价值定位。可以说，相对于人民的物质生活需要，人的精神需要更为突出地表现出来，并与物质生活紧密相连，形成精神与物质的复合型需要。

人民生活质量的高度和深度主要通过精神生活的发展来呈现，并且，精神生活具有相对独立性，它在一定程度上可以超越物质生活水平的限制，以精神的自主性和能动性推动社会精神文化资源更加丰富多样。精神文化产品更加精益求精，精神文化产品的生产与供给更加协调平衡，精神文化市场更加纯净与繁荣。人们期待有更加丰富多彩的、能够人人参与的精神文化活动；期待拥有更多可利用的自由时间、更多自由选择的空间，更加自主地培养和发展自己的兴趣爱好；期待拥有清新自然的、淳朴本真的生活，能够进行更多不受功利羁绊的、源自生命与内心的价值创造。

新时代人民对精神生活的期待，不仅是丰富的，更是深刻的。人对知识的追求、对情感的渴望、对道德的信奉、对美的需求、对生活意义的追寻、对理想信仰的向往等，都是人的精神生活需要。其中，"理想、信仰是人的高层次精神需要，也是人生的根本需要，处于精神生活的核心地位，因而对人的精神生活发展和质量提高尤为关键"①。

　　经历了社会主义市场经济发展带来的物质生活富足、精神生活迷茫与空虚的"空心人"或"单向度的人"的生活过后，在新时代，人们越来越意识到理想信仰、生活意义的弥足珍贵，体会到精神生活并非只是感官的娱乐。高质量的精神生活不能缺少丰富多彩的精神文化活动，不能缺少作为生活方式的阅读与思考，不能缺少对星空的景仰和对道德的敬畏。因此，更丰富更多选择的优秀精神文化作品，更多层次更多意蕴的修身养性活动和人生意义的追寻，成了新时代人民精神生活发展的时代追求。

　　人民期待精神生活更深刻的满足感、幸福感、宁静感以及内心生活的丰富感，并努力成为"创造着具有人的本质的这种全部丰富性的人，创造着具有丰富的、全面而深刻的感觉的人"②。丰富性、愉悦性、深刻性、发展性、创造性、超越性，是新时代人民精神生活质量追求的重要表征。

三、更加公平正义的社会需要

　　马克思主义认为，社会性是人的本质属性。只有在社会中人才能成为比动物更高级的某个东西。人的物质需要和精神需要，都是在社会中产生的，也是社会提供生产和生活资料予以满足的。离开了社会，人的物质生活需要和精神生活需要就无从满足。因此，社会生活本身就是人的整体生活的重要构成部分。社会生活实际上是

---

① 廖小琴，廖小明. 重构人的精神生活 [M]. 北京：中央编译出版社，2015：53.
② 马克思恩格斯全集：第3卷 [M]. 北京：人民出版社，2002：306.

一种关系性的生活。

马克思曾指出,"凡是有某种关系存在的地方,这种关系都是为我而存在的;动物不对什么东西发生'关系',而且根本没有'关系'"①。人与社会互动形成两种生活关系类型。一种是同个人生活发生直接互动的情境性关系。情境性关系更多的是感性的并体现为人自身的生存性。另一种是间接关系,即个人所处的社会关系、社会结构和社会制度环境等,如我国现实的阶层结构、分配制度以及各层次的经济、政治、文化、社会的具体法规、制度等,通过这些中介发生互动关系。由此,就形成了人的两种社会生活样态:一种是人的多样化、个人化的生活样态;另一种是共同的、同质性的公共生活状态,比如遵守规则、讲求道德、信仰法律、追求公平正义等。

(一)追求社会公平正义

公平是人类最深沉的价值追求,内嵌于人的基因。21世纪之初我们已经越过了"效率优先,兼顾公平"的早期经济发展阶段,对公平的内在需要开始凸显出来。从公平实现的过程来看,公平包括机会公平和结果公平。在现代市场经济中,如果机会是公平的,那么,由此而造成的竞争结果就可以被视为符合公平原则,人们也能在较大程度上认可和接受这种结果。因此,机会公平在构筑社会公平的过程中居于核心地位。但结果公平也具有自身独立的价值。这是因为,结果的公平性不仅会影响下一轮竞争中的机会公平,还直

---

① 马克思恩格斯选集:第1卷[M].北京:人民出版社,1995:161.

接影响消费的公平和生活本身，影响劳动力的再生产和人力资本的质量，进而影响人的自由全面的发展以及人的解放。

教育、健康、住房、融资机会和社会保障在实现机会公平过程中起着关键作用，它们决定着每个人选择的自由度、抓住和利用机会的能力、流动的可能性，以及抗御风险和冒险的能力。以教育和健康为例，接受良好的教育和拥有健康的体魄是广大人民，尤其是处于不利社会地位的群体抓住和利用机会的关键要素，同时也是享受高品质生活，特别是精神生活的关键要素。更进一步，教育和健康本身已经不再仅仅是实现某种目的的手段，而是人的需要本身。马克思指出，未来教育"不仅是提高社会生产的一种方法，而且是造就全面发展的人的唯一方法"。因此，在社会主义现代市场经济中，国有资源等公共资源主要用于构筑这些基本条件，为实现机会公平奠定坚实基础。在此基础上，通过税收、补贴和消除贫困等多项措施，以及社会保障制度的系统建设，实现更高程度的结果公平。

（二）追求社会和政治参与

马克思认为，人本质上是"一切社会关系的总和"，社会关系总和实际上决定着一个人能够发展到什么程度。人追求社会和政治参与可视为人的一种内在的、无声的与把许多个人自然联系起来的"类"本质。追求社会和政治参与包含道德、自由、尊严、公平、民主、法治等诸多因素，属于精神层面的需要。党的十九大在描述人民日益增长的美好生活需要时已经指出了这些方面的需要，强调人民美好生活需要日益广泛，不仅对物质文化生活提出了更高要求，而且在民主、法治、公平、正义、安全、环境等方面的要求日益增长。

四、更加优美宜居的生态需要

营造良好的生态环境,增强人民的安全感。优美的自然环境正成为美好生活的重要维度,加快着人的全面发展步伐,良好的生态环境是人民实现美好生活的前提保障和重要载体。新时代美好生活不仅要满足人民的物质和精神需求,也要不断满足人民对优美生态环境的需求,从而拓展人民美好生活需要的新内涵。当前我国全面建设社会主义现代化的进程中,历史上产生的一定生态创伤,影响着人民对美好生活的期待与实现效果。为此,习近平总书记多次提出,"要建设天蓝、地绿、水清的美丽中国,让老百姓在宜居的环境中享受生活,切实感受到经济发展带来的生态效益"[①]。2019年4月28日,习近平总书记在北京世园会开幕式上发表重要讲话,并以"绿色生活,美丽家园"为此次博览会主题,"旨在倡导人们尊重自然、融入自然、追求美好生活"[②]。

同时,随着人民群众对生活质量的要求越来越高,良好的生态环境已经成为人民群众的内在需要,新鲜空气、清洁水源、宜人气候、安全食品等已经成为人们选择的重要参数,并日趋内化为人们的价值判断。生态环境的价值是多方面的:优美的生态环境是一种最公平的公共产品,一旦形成就具有普惠性,任何人都可以享受;

---

① 习近平. 中国发展新起点,全球增长新蓝图 [N]. 人民日报,2016-09-04(1).
② 习近平. 共谋绿色生活,共建美丽家园:在二〇一九年中国北京世界园艺博览会开幕式上的讲话 [N]. 人民日报,2019-04-29(1).

优美的生态环境有利于人的身心健康，提高生活质量，节约社会医疗成本，从而降低对 GDP 的抵消和折扣，而且，绿色发展、低碳发展本身已经开始成为经济发展的源泉。

总之，良好的生态环境本身就是人的内在需要，人们生活在一个和谐、优美、宁静的自然环境之中，享受生命的美好，在更高层次上实现人向自然界，进而向自身本质的回归。对于人的需要、生态环境和经济增长之间的辩证关系，习近平总书记也一再强调，既要绿水青山，也要金山银山；宁要绿山青山，不要金山银山，而且绿水青山就是金山银山；我们绝不能以牺牲生态环境为代价换取经济的一时发展。

五、更加充满自豪的心理需要

大到国家和民族，小到家庭和个体，都有着追求的目标和对未来前景的可期。新中国成立 70 多年以来，从提出实现社会主义现代化的"三步走战略"，到"两个一百年"奋斗目标的提出，一个富强、民主、文明、和谐、美丽的社会主义新中国正稳步走来，一个充满自信和朝气的中华民族正在和平崛起。从单纯地解决温饱问题到全面建成小康，从一部分人先富起来到追求共享发展实现共同富裕，从单一的物质条件改善到精神生活的充盈，从生存型需要的满足到发展型需要的追求，一个个新的前景和目标在不同的发展阶段被描绘，又在具体的发展和实践当中得以实现。

在中华民族伟大复兴进程中，人民群众自豪感的需要与焕发，是相伴相生复线并进的。这种可追求性和可期待性，互构"美好生活"的本真性要素和特征。未来不再渺茫，而是在前行中可知的方向，前景不是虚幻，而是在奋斗中可期的具象，这正是获得感、幸福感、安全感最本真的来源和所在，也是"美好生活"最本真的要素和动力所在。美好生活既是追求的目标，也是追求的动力，既描绘了美好的未来，也绘就了可期的未来，正如习近平总书记所指出，"生活在我们伟大祖国和伟大时代的中国人民，共同享有人生出彩的机会，共同享有梦想成真的机会，共同享有同祖国和时代一起成长与进步的机会"①。"有梦想"和"有机会"，进一步凸显了"前景"与"可期"在美好生活要素中的重要地位，进一步诠释了"前景"与"可期"在美好生活追求中的重大意义。

  从加快经济建设到加快建设社会主义现代化强国，从坚持人民民主专政到完善社会主义民主法治、建设社会主义政治文明，从建设社会主义先进文化到推进文化强国、坚定文化自信，从保持社会和谐稳定到完善社会治理体系、推进国家治理体系和治理能力的现代化，从保护环境到推进生态文明、建设"美丽中国"，我们党对人民美好生活日益增长的需要满足也是全方位的。经济建设取得的重大成就，民主法治建设迈出的重大步伐，思想文化建设取得的重大进展，生态文明建设的显著成效，中国特色社会主义制度的更加完善，国家治理体系和治理能力现代化水平的明显提高，全社会发展活力和创新活力的明显增强，幼有所育、学有所教、劳有所得、病有所医、老有所养、住有所居、弱有所扶的民生保障的健全，已经绘就出一个生机勃勃、活力四射的强大社会主义国家景象。

---

① 习近平谈治国理政：第1卷［M］. 北京：外文出版社，2014：40.

第二节 人民美好生活需要合理的遵循

人的生活需要状况的变化必然导致人的价值体系的变革，人们的价值认识需要跟上这种变化。党的十八大以后，中国特色社会主义已经进入新时代，但对"新时代"的认识和定位却直到十九大报告才出现。这也说明，人的价值认识相对于现实价值体系变革的滞后，因此，实现新时代美好生活不仅要解决人民满足的需要，也要引导需要的合理。反之，人民日益增长的美好生活需要存在脱离正确价值轨道的风险，也可能将会影响新时代中国社会主要矛盾的解决。认真研究新时代中国主要矛盾变化的新特点，对于理解和把握社会主义价值体系变革，对于美好生活需要的影响与指引，不仅具有重大的现实意义，而且具有极为紧迫的理论意义。

一、需要合理的遵循

党的十九大指出，中国特色社会主义已经进入新时代，我国社会主要矛盾已经由"人民日益增长的物质文化需要同落后的社会生产之间的矛盾"转化为"人民日益增长的美好生活需要和不平衡不充分的发展之间的矛盾"，这是对现阶段我国人民需要和社会主要矛盾演化的科学判断。新时代，我国人民的需要发生了质的变化，要通过推动经济的高质量发展和全面深化改革来逐步加以满足，但不能脱离"不平衡不充分的发展"现实。

(一) 社会尺度遵循

以社会的尺度衡量美好生活需要，也体现在中国人民的需要顺乎社会发展的趋势，合乎社会主义道德观念，契乎中华民族的优秀传统。特别是随着新时代社会物质财富的急剧增长、人民物质生活水平的进一步提高、生活方式的多样化，在我们的消费需要、出行需要等方面更应体现出社会的尺度，态度鲜明地抵制不良社会风气，引领新时代生活的风尚，更好地营造美好生活的社会氛围。

对于中国人民来说，美好生活需要是以我国社会主义初级阶段的基本国情、不平衡不充分的客观现实为尺度的。也就是说，美好生活需要是不能偏离中国特色社会主义的本质，也不能超越社会主义现代化、民主法治化及治理现代化进程的。只有这样，人民的需要才能转化为合理诉求，才能使美好生活不断向前发展，这也是中国人民实现美好生活的必由之路。另外，以社会的尺度衡量美好生活需要，也体现在人民需要顺乎社会发展的趋势，合乎社会主义道德观念，契乎中华民族的优秀传统之中。

(二) 人的全面发展遵循

人的全面发展是社会主义的最终目的，是人民共同的美好愿景，也是新时代美好生活的现实体现和价值取向。可见，新时代美好生活就是不断促进人的全面发展的生活，这是它的价值和意义之所在。马克思认为，人的全面发展是人性的复归，虽然其包含诸多方面的内容，但基本还是在人民物质财富和思想水平两个方面，正如"在随着个人的全面发展,他们的生产力也增长起来,而集体财富的一切源泉都充分涌流之后,——只有在那个时候,才能完全超出资产阶级权利的狭隘眼界"①。

当前,我国已全面建成小康社会,为人的全面发展提供了坚实的物质条件。富裕生活不完全等于美好生活,面对新时代富裕的生活,更凸显出精神追求的重要意义。习近平总书记早前就提出,"真正的社会主义不能仅仅理解为生产力的高度发展,还必须有高度发展的精神文明——一方面要让人民过上比较富足的生活,另一方面要提高人民的思想道德水平和科学文化水平,这才是真正意义上的脱贫致富"②,才是真正意义上的美好生活,才能促进人的全面发展。同时,人的需要倾向直接影响着社会的发展倾向,人的发展状况也直接反映着社会发展的状况,两者是辩证统一的关系。社会主义美好生活不仅要推进人的全面发展,还要促进社会的全面进步,使之形成良性的互动,推动人性的完美复归。

因此,要实现新时代美好生活的意义,这不仅需要我们党"抓好社会主义精神文明建设,为全国各族人民不断前进提供坚强的思想保证、强大的精神力量、丰润的道德滋养"③,更需要全体人民以人全面发展及社会全面发展的眼光,合理配置我们新时代的生活需要,把我们的物质需要和精神追求统一起来,增加我们的思想文化及道德水平提升的需要,强化坚定的社会主义理想信念。这样,我们的新时代美好生活才能自觉抵制只追求感官刺激的生活方式,形

---

① 马克思恩格斯选集:第3卷 [M].北京:人民出版社,1995:364.
② 习近平.摆脱贫困 [M].福州:福建人民出版社,1992:2.
③ 习近平关于社会主义文化建设论述摘编 [M].北京:中央文献出版社,2017:10.

成健康文明的生活方式,促进人的全面发展,推动社会全面进步,传播出新时代美好生活的正能量。

(三) 关系和谐遵循

马克思指出,社会生活"是人们交互活动的产物"①。可见,人际关系是社会生活中最为重要的关系,其和谐融洽程度直接反映着社会生活的状态。同样,新时代美好生活是否和谐融洽在很大程度上取决于人际关系的状态。因此,构建和谐融洽的人际关系是新时代美好生活的重中之重。这不仅需要国家层面的规范引导,更需要广大人民群众在社会生活交互活动中贯彻以人为本的理念,共建共享。

马克思指出,"人对自身的关系只有通过他对他人的关系,才成为对他来说是对象性的、现实的关系"②,"个人怎样表现自己的生活,他们自己就是怎样"③。这表明,人际关系直接影响着人与自我的关系。也就是说,一个人只有以以人为本的理念处理人际关系,他才能实现对自我的以人为本,和谐的身心,更好地享受美好生活。从这一点上,我们可以说"不是神也不是自然界,只有人自身才能成为统治人的异己力量"④。

自然界是人类赖以生存和发展的基础。人源于自然界,并以实践为中介改造自然界,获取物质,满足自身需要。正如马克思所说,

---

① 马克思恩格斯选集:第4卷 [M]. 北京:人民出版社,1995:532.
② 马克思. 1844年经济学哲学手稿 [M]. 北京:人民出版社,2004:60.
③ 马克思恩格斯选集:第1卷 [M]. 北京:人民出版社,1995:67-68.
④ 马克思. 1844年经济学哲学手稿 [M]. 北京:人民出版社,2004:48-49.

"人是自然界的一部分"①,"没有自然界,没有感性的外部世界,工人什么也不能创造"②。可见,社会生活过程也是人改造自然界并与之交互活动的过程。在这个过程中,人的实践不断使自在的自然界生成为人化的自然界,以致"自然界是人为了不致死亡而必须与之处于持续不断的交互作用过程的、人的身体"③,形成休戚与共的交互关系。

党的十九大报告指出,"像对待生命一样对待生态环境","形成绿色发展方式和生活方式,坚定走生产发展、生活富裕、生态良好的文明发展道路,建设美丽中国,为人民创造良好生产生活环境"。可见,绿色低碳不仅是发展新理念的必然要求,也是新时代生活方式的必然选择。从宏观层面来看,绿色经济是修复和保护生态的重要手段,从微观角度来看,绿色低碳生活更有基础性作用。虽然微观生活的主要内容是消费,但人民在衣食住行中的消费观念,会直接反映到新时代的生产观念上。因此,保护生态,促进绿色发展需要全体人民的共同努力,这体现在个体身上就是要倡导以消费为重点的绿色低碳生活方式,形成合力,改进生态关系,共创更加美好的生活。

(四)劳动创造遵循

从新中国成立以来的"热爱劳动"到改革开放之后的"尊重劳

---

① 马克思. 1844 年经济学哲学手稿 [M]. 北京: 人民出版社, 2004: 57.
② 马克思. 1844 年经济学哲学手稿 [M]. 北京: 人民出版社, 2004: 53.
③ 马克思. 1844 年经济学哲学手稿 [M]. 北京: 人民出版社, 2004: 56.

动","劳动光荣"一直是社会主义核心价值观的主旋律。因此，新时代要大力弘扬"劳动光荣"的价值导向，进一步引领尊重劳动创造的社会风尚。正如习近平总书记提出的，要"引导广大人民群众树立辛勤劳动、诚实劳动、创造性劳动的理念，让劳动光荣、创造伟大成为铿锵的时代强音，让劳动最光荣、劳动最崇高、劳动最伟大、劳动最美丽蔚然成风"①。

当前，劳动的内涵和效能发生了重大变化。随着知识经济、互联网经济、数字经济的迅速发展，创新劳动、创业劳动、知识劳动、技巧劳动等新的劳动形式不断涌现，并在社会财富创造和价值创造中凸显出强大的效能。特别是"大众创业、万众创新"的深入发展，以创新和知识为特征的劳动创造，必将为新时代的美好生活做出越来越大的贡献。劳动创新是劳动光荣的重要体现，我们应予以充分尊重和鼓励倡导。正如习近平总书记指出，"全社会都要贯彻尊重劳动、尊重知识、尊重人才、尊重创造的重大方针"②，不断激发劳动的活力和创造力，更好地推进新时代美好生活建设。

社会主义制度的建立，确立了人们平等的劳动主体地位。这也要求我们在新时代的美好生活中不仅要尊重自己的劳动，更要尊重他人的劳动，以劳动平等增进不同职业、不同岗位之间的互敬互重，塑造新时代的平等精神和社会风尚。这样，才能更好地构建出新时代融洽和谐的劳动关系，才能增进新时代美好生活的和谐融洽氛围，

---

① 习近平. 在庆祝"五一"国际劳动节暨表彰全国劳动模范和先进工作者大会上的讲话 [N]. 人民日报, 2015-04-29 (2).
② 习近平关于社会主义社会建设论述摘编 [M]. 北京: 中央文献出版社, 2017: 2.

也才能做到"让所有人的劳动成果得到尊重"①,"让劳动者实现体面劳动、全面发展"②,使人民在劳动创造中体验更多的成就感、获得感和幸福感。

二、需要合理的反思

马斯洛的需要理论在 20 世纪下半叶产生了巨大影响,但它不能说明两类现象。一是低级需要虽然满足了,但高级需要却未产生;二是在低级需要还未满足时,有人就把高级需要凌驾于低级需要之上,甚至要求以高级需要的满足代替低级需要。比如,有的人"穷得只剩下钱",这显然是拜金主义在作祟,是价值观的扭曲。还有的人在肚子都填不饱的时候就试图追求民主和自由,被人当成不切实际的乌托邦主义者。对此,马克思用人的片面发展的"需要异化"理论解释了这两类现象。

列宁在俄国十月革命胜利四周年时曾批评过对物质利益的忽视,认为搞社会主义"不能直接凭热情,而要借助伟大革命所产生的热情,靠个人利益,靠同个人利益的结合"③。邓小平在改革开放初期就提出要重视利益的作用,他指出,"不讲多劳多得,不重视物质利益,对少数先进分子可以,对广大群众不行,一段时间可以,长期不行。……革命是在物质利益的基础上产生的"④。改革开放以来,我国经济保持长期快速发展,一个重要的原因是尊重人们对物质利

---

① 习近平关于社会主义社会建设论述摘编 [M]. 北京:中央文献出版社,2017:44.
② 习近平关于社会主义社会建设论述摘编 [M]. 北京:中央文献出版社,2017:26.
③ 列宁专题文集·论社会主义 [M]. 北京:人民出版社,2009:247.
④ 邓小平文选:第 2 卷 [M]. 北京:人民出版社,2009:146.

益的追求，建立了与我国生产力发展水平和市场经济体制相适应的激励机制。但经济快速发展的同时，人民生活对金钱的需要出现了庸俗化的苗头，拜金主义、消费主义、享乐主义、追求感官刺激等不良思想，给经济社会的发展进步造成了一定的冲击，也影响着人民生活的获得感、幸福感、安全感。特别是2019年12月以来，新型冠状病毒肆虐全球，在疫情防控常态化的今天，只有引导好人民对生活需要与疫情防控结合起来，把个人需要与社会需要统一起来，才能团结一心，众志成城战胜疫情。

综上所述，新时代人民群众美好生活的实质就是通过满足人民群众美好生活合理性需要与引领人民群众美好生活需要合理之间的有机互动，增进人民群众的获得感、幸福感、安全感，促进人的自由全面发展和社会的全面进步。

小结

经过40多年的改革开放，我国综合国力有了很大程度的提高，科技有了较大的进步，社会生产整体上摆脱了落后状态。较大程度上改变了人们的生活水平，为人们更好的生活提供了良好的物质条件、更为完善的制度保障，并促进了人民美好生活需要的极大释放与丰富，不断向纵深发展。

新时代人民群众美好生活需要的丰富发展，使得"需要"的内涵更为广泛。在社会现实生活中，人民群众不仅对物质生活和精神生活需要的满足程度提出了要求，而且对满足方式、途径以及质量的要求也在不断提高。其中，最为突出的是美好生活需要的社会正义问题。这个问题主要包含两个层面。一方面，社会应该保障人们生活需要的满足，特别是生存需要的满足，这是社会正义直观的、真切的体现。如果人们的生存基本需要都得不到满足，那么人们的生存发展就成了问题，自然也就是社会正义出了问题。另一方面，社会应该平衡人们生活需要的满足，明确那些需要满足的保障是合乎人们的道德推理，即以需要满足为前提的主体自由是否符合社会尺度、合乎道德尺度、契合价值尺度，明晰社会正义的导向问题。由此可见，以满足需要为前提的人的存在是一切理论研究的前提，"需要"意味着什么、如何满足"需要"、如何实践"需要"、何种"需要"意味着正义等问题，自然是新时代美好生活需要满足的正义认知问题和理论反思问题。

党的十八大以来，社会主义核心价值观越来越深入人心，整体上人的价值实现已经脱离纯粹物质性的依赖，越来越凸显出精神性，呈现出多样性、差异性和全面性的特征，作为个体的人不仅在物质上"富"了起来，在精神上也逐渐"富"了起来。进入第二个百年奋斗目标的新征程，人的价值实现更多体现于国家富强、民族振兴、人民幸福、精神强大。以习近平同志为核心的党中央深刻剖析人的价值实现的时代定位，强调要把实现人的全面发展置于中华民族伟大复兴的伟大征程中，正踔厉奋发，聚焦于中国人民的获得感、幸福感、安全感的提升。

第五章　新时代美好生活的提升与引领

人民美好生活需要是在我国社会主要矛盾发生的全局性、历史性变化基础上一个突破性、科学性的创新表述。满足人民美好生活需要不仅是继续推动经济、政治、文化、社会、生态等方面发展,更好推动人的全面发展、社会全面进步的必然抉择,也是解决好当前经济社会发展不平衡不充分问题、推动全体人民共同富裕的关键抓手。因此,只有不断实现提升新时代美好生活,才能更好激发社会活力,为推进社会主义现代化建设及实现中华民族伟大复兴不断凝聚人心、积聚力量。

第一节　有效满足人民日益增长的合理需要

"不平衡不充分的发展"是对我国现阶段生产力发展状况做出的正确结论,是我们着力解决的重要问题。改革开放的40多年,我国GDP自2010年稳居世界第二,国家实力发生了质的飞跃,小康社会已全面建成，彻底摆脱了千百年来的绝对贫困，人民收入水平发生了翻天覆地的变化，全面深化改革持续推进，为新时代美好生活提供了更为坚实的物质基础和更为完善的制度保障。但是，我们也应该看到，在取得举世瞩目巨大成就的同时，经济社会发展还存在着不平衡、不充分的问题，制约着新时代美好生活的实现及发展。当前，在区域均衡方面，在城乡协调方面，在收入分配方面，在机会平等方面等还存在较大差距，特别是东西部的贫富分化较为严重、生活水平差距较大；社会分配加速分化，收入水平差距也在扩大；城乡之间地区发展失衡也日益严重等。如何解决这些差异，彻底摆脱"不平衡不充分"的发展现况，成为我们国家目前发展的首要问题。因此，我们只有解决了经济社会发展存在的不平衡、不充分现状，才能为真正实现全国人民美好生活打下一个坚实的条件基础。

一、把握新时代美好生活合理需要的态势

建设中国特色社会主义伟大事业、实现中华民族伟大复兴，绝不是仅为了满足人们温饱、小康生活的需要，获取一个"及格分"，而是要把不断满足人民群众日益增长美好生活的需要作为一个动态目标并坚持"上不封顶"。为此，我们要冲破"需求约束"的思维窠臼，正视矛盾的客观存在，不懈奋斗，并以科学的创新理论为指导。习近平新时代中国特色社会主义思想正是在这一重要理论命题上，从经济哲学的高度，把人类现实生活基本需求与人民日益增长的美好生活新需要有机统一起来，为中国特色社会主义伟大事业开启了理论与实践探索的新空间。用马克思的话说，随着生产的发展，

"新的需要"必然会产生出来①,因此,原来的表述已经不足以涵盖新时代美好生活需要的意境。马克思曾经专门讨论过物质需要与社会需要、个性需要的关系,以及与此相适应的全面生产理论,恩格斯则使用了"生活资料、享受资料和发展资料"②的论述。这表明,马克思和恩格斯都把需要看作一个随着生产的发展而不断发展的理论体系。需要的"日益增长"也必然推动满足需要的水平、方式、途径及其质量的不断提升与变革。

(一) 坚持以人民为中心的发展

伴随我国改革开放和社会主义现代化建设全方位、开创性的推进,党和国家事业发生了前所未有的深层次与根本性的历史性变革。中国特色社会主义进入新时代,这已成为我国发展的新的历史方位。以马克思主义唯物史观,重温近代以来历史演进轨迹,永远把人民对美好生活的向往作为奋斗目标,始终把人民作为推动社会发展进步的根本力量,不断满足人民对美好生活的需要,正是共产主义的价值追求在中国特色社会主义新时代的生动体现和精辟表达。

习近平总书记在党的十九大报告中明确提出,全党必须牢记,为什么人的问题,是检验一个政党、一个政权性质的试金石。带领人民创造美好生活,实现人民对美好生活的向往,是我们党始终不渝的奋斗目标。习近平总书记在纪念马克思诞辰200周年大会上的重要讲话中指出,马克思主义第一次创立了人民实现自身解放的思

---

① 马克思恩格斯文集:第1卷 [M]. 北京:人民出版社,2009:531.
② 马克思恩格斯文集:第9卷 [M]. 北京:人民出版社,2009:548.

想体系，是人民的理论。可以说，马克思主义博大精深，归根到底就是一句话，为人类求解放、为人民谋幸福。马克思主义之所以具有跨越国度、跨越时代的影响力，是因为它植根于人民，并依靠人民推动历史的前进。

人民立场是马克思主义的根本立场，是马克思主义区别于其他主义的显著标志。同样，人民立场也是中国共产党的根本政治立场。为人民创造美好生活，是我们党始终不渝的初心使命与奋斗目标，这是真正的人间正道。因此，我们所追求、要实现的美好生活不是个别人的生活，不是少数人的生活，而是全体中国人民的美好生活。

坚持以人民为中心的发展思想，始终把人民放在心中最高位置，坚持全心全意为人民服务的根本宗旨，实现好、维护好、发展好最广大人民根本利益，把人民拥护不拥护、赞成不赞成、高兴不高兴、答应不答应作为衡量一切工作得失的根本标准，这是我们人民性的根本体现。同时，人民性必须坚持共享发展的理念，坚持全民共享、全面共享、共建共享、渐进共享，让改革发展成果更多更公平惠及全体人民，使人民群众获得感、幸福感、安全感更加充实、更有保障、更可持续，朝着实现全体人民共同富裕不断迈进，这是实现美好生活的应有之义和必由之路。

（二）坚持高质量发展

人的需要的有效满足离不开社会生产力的发展。自然界赋予人的潜在需要能够在多大程度上释放出来，或者呈现出什么样的现实形态和演进路径，是由生产力发展水平及其性质决定的。社会生产及其方式是提供满足需要的对象和手段，决定着人的潜在需要是处于蛰伏状态还是释放发展。随着社会生产力的发展，越来越多的物质精神产品和服务被提供出来，品质不断提高，形式不断丰富，潜在的需要不断被唤醒，并进入现实世界，不断得到满足。不仅如此，随着社会生产的发展，人们的交往越来越频繁，交往范围越来越广泛，蛰伏的社会需要不断被触动和诱发，也不断被发现和挖掘，人的生存状态和日常生活不断得到更新，社会生产发展不断获得新动力。

从世界经济发展的历史来看，生产力发展越迅速，人的需要发展就越快；反之，人的需要发展就越慢。人的潜在需要唤醒和开发的快慢，人的需要演进的现实路径，以及人的需要呈现的具体形态，在很大程度上受制于生产力发展的水平、速度、性质和质量。科学技术的发展会使自然界被越来越广泛、越来越深入地纳入人类经济活动之中，人们会发现原有使用价值的新属性、新组合，形成新的财富形态，从而对人的生理和精神生活产生刺激影响，诱发新的需要。

满足人民日益增长的美好生活需要，必须坚定不移推进供给侧结构性改革，提高经济发展的质量，使供给体系和能力能够更好地满足广大人民日益增长、不断升级、多样化与个性化的需要。对于供给侧结构性改革，习近平总书记曾强调指出，供给侧结构性改革，重点是解放和发展社会生产力，用改革的办法推进结构调整，减少无效和低端供给，扩大有效和中高端供给，增强供给结构对需求变化的适应性和灵活性，提高全要素生产力[1]。

---

[1] 马克思恩格斯文集：第9卷 [M]．北京：人民出版社，2009：548．

从美好生活与"四个全面"战略布局的关系来看,实现美好生活需要将建设目标融入"四个全面"的战略布局中,通过顶层制度的设计和政策的实施推动。这种关系主要体现在:一是实现美好生活是全面深化改革的目标;二是全面依法治国战略为美好生活提供法治保障;三是全面建设社会主义现代化关系美好生活建设的实效性、全面性和共享性;四是实现新时代美好生活关键在党,只有全面从严治党才能践行初心使命,坚持以人民为中心。可见,新时代美好生活与"四个全面"布局是互为实现、互为促进的关系,而贯穿其中的主线就是全面的高质量发展。

从新时代美好生活与新发展理念的关系来看,新时代美好生活更倾向于目标导向,而"创新、协调、绿色、开放、共享"五大发展理念则侧重于行动性纲领。这种关系主要体现在:一方面,新时代美好生活是新发展理念的价值追求,新发展理念以人民为发展主体,以美好需要的满足为价值评定标准,通过(共同)富裕、和谐、民主、文明和美丽实现美好生活[1];另一方面,新发展理念为新时代美好生活建设指明了方向。其中,共享理念是价值导向,创新理念提供了强大动力,协调理念为建设美好生活奠定基础,开放理念有助于更好地建设美好生活,而绿色理念是实现美好生活的题中之义与基本要素[2]。

---

[1] 张全胜. 人民美好生活:五大发展理念的价值追求[J]. 内蒙古社会科学(汉文版), 2018, 39(4): 14–19.
[2] 谢加书. 美好生活建设的中国道路[J]. 马克思主义研究, 2017, 10(10): 32–39.

二、重点解决机会的不平衡不充分

机会的平等公正是人民力量之本、社会活力之源。实现中华民族伟大复兴,团结带领人民群众创造新时代幸福生活,就是要顺应人民群众对美好生活的向往,坚持以人民为中心的发展,以解决机会的不平衡不充分为重点,推动人的自由全面发展和社会的全面进步。

(一)教育机会公平

教育是人类文明的重要表现,是推动社会发展、提升国民素质的基本途径。文化强国必然是教育强国,高素养的国民是社会主义文化强国的主体要素。新时代美好生活是物质生活与精神生活高品位需要的满足,能否实现高品位需要的满足与教育水平有着直接关系。当前,我国教育的不平衡不充分问题仍然突出,不仅制约着新时代美好生活的品质,还阻碍着阶层固化的破解,造成社会流动、社会活力的不利影响。虽然这个问题的解决是一个长期的过程,但必须要做的是不断促进教育机会公平。

1. 教育权利的公平

促进教育权利公平,就是让每个孩子都能享有公平而有质量的教育,平等地享有受教育的机会;推动城乡义务教育一体化发展,逐步消除城乡义务教育各方面的差异;完善职业教育和培训体系,确保每个人享有终身学习和自我提升的权利,加快建设学习型社会;健全学生资助制度,确保城乡孩子都能接受高中阶段教育,平等享有接受高等教育的权利，不断解决教育的不平衡问题，满足人民对教育需要的满足。

2. 教育资源的公平

促进教育资源公平，就是要确保每个孩子的教育质量，具有公平的择校机会、公平的升学机会。教育资源分配的不均衡，在一定程度上加大了"内卷"的程度，给家庭带来压力、给社会带来焦虑及一系列负面连锁反应，也必然给新时代美好生活带来冲击。因此，要加大教育的投入力度，平衡教育资源分布，加强师德师风建设，增进国民素质提升的公平机会，逐步解决教育的不充分问题。

(二) 就业与收入机会公平

就业是民生之本，也是获得感、幸福感、安全感的基本保障。要坚持就业优先战略和积极就业政策，就要促进就业机会的公平性，破除性别、户籍等歧视政策，实现更高质量和更充分就业，促进人的才能发挥与提升劳动获得感、幸福感、安全感的体验，保障人生出彩的机会平等。当前，要根据经济发展规律解决好结构性就业矛盾，加大职业技能培训，提供全方位公共就业服务，不断增强满足人民聪明才智发挥、自我实现的需要。

收入公平不仅是美好生活体验的保证，也是社会活力激发的重要因素。在政策层面，通过税收、财政等手段，向普通劳动者方面倾斜，拓宽居民劳动收入和财产性收入渠道。以扩大中等收入群体，增加低收入者收入。同时，通过立法、政策、社会力量调节过高收入，履行好政府再分配调节职能，促进基本公共服务均等化，缩小收入分配差距，推动全体人民的共同富裕。

（三）社会保障机会公平

社会保障体系是新时代美好生活的重要支柱，特别是要发挥其兜底作用，保障全社会成员基本生存与生活需要。当前，我国已基本建成覆盖全民、城乡统筹、权责清晰、保障适度、可持续的多层次社会保障体系，建成了世界最大的社会保障网络。但社会保险、社会福利、社会救助及社会优抚等方面，在城乡之间、区域之间、行业之间、群体之间还有着较大的差距，因此，要统筹建立全国统一社会保障体系的一般标准，健全农村留守儿童和妇女、老年人关爱服务体系。发展残疾人事业，加快建立多主体供给、多渠道保障网络，平等享受发展的成果，为全体人民美好生活筑牢社会保护网。

（四）共享机会公平

消除贫困、改善民生、逐步实现共同富裕，是社会主义的本质要求，是我们党的初心使命和奋斗方向。新时代美好生活是全体人民的美好生活，是全体人民共同富裕的生活。当前，全面小康社会已经建成，但如何巩固来之不易的脱贫攻坚成果，让城乡居民共享改革发展的成果，共享新时代美好生活是一个现实的问题。因此，促进共享机会公平，必须坚定不移推进实施乡村振兴战略，扎实推动共同富裕，确保人民群众获得感、幸福感、安全感的不断提升。

（五）医疗机会公平

人民健康是民族昌盛和国家富强的重要标志，是健康中国建设的重要体现。身心健康是人的思维、体力、能力得以发挥展现的基础，是中国人民新时代美好生活的基本条件之一，确保全体人民的身心健康就是要不断提升医疗资源及其水平，并实现医疗机会公平。改革开放以来特别是党的十八大以来，中国人民医疗条件取得突飞猛进的发展，但总体上不平衡不充分问题依然突出，人均医疗资源相对较低，尤其是在医疗资源的公平分配方面，严重制约着人民对健康需要的满足。

因此，必须完善国民健康政策，为人民群众提供全方位全周期健康服务。深化医疗卫生、医疗保障、医疗服务、药品供应改革，健全现代医院管理制度。倡导健康文明生活方式，预防控制重大疾病。实施食品安全战略，让人民吃得放心。坚持中西医并重，传承发展中医药事业。支持社会办医，发展健康产业。促进生育政策和相关经济社会政策配套衔接，推进医养结合，加快老龄事业和产业发展。

（六）社会参与机会公平

社会治理是社会建设的重大任务，是国家治理的重要内容。党的十八届三中全会明确提出了全面深化改革的总目标，是坚持和完善中国特色社会主义制度，推进国家治理体系和治理能力的现代化。治理不同于传统管理理念，它强调社会主体参与的自下而上，达成共同目标的过程模式。在现代社会中，社会治理地位日益重要。解决我国在社会管理领域存在的问题，必须深入认识新时代社会治理规律，创新社会治理理念思路、体制机制、方法手段，扩大人民有序的、公平的社会参与，保障人民知情权、参与权、表达权、监督权，维护社会和谐稳定，确保人民的主人翁地位和生活的获得感、幸福感、安全感。

第二节 引领美好生活需要合理化

中华民族近代以来 180 多年的沧桑巨变，验证着一个不争的历史事实，即国家的和平稳定和繁荣强大，是人民对美好生活需要满足的必由之路和必然选择，同时，只有当个人需要与社会需要、个人需要价值属性与社会价值属性相一致时，个人需要的满足才会得到充分的实现和保障，才能让人民真正体验到美好生活的幸福。离开了需要的合理范畴，人民日益增长的美好生活需要就只能是空中楼阁，甚至走向个人与社会生存发展的反面。

一、培育新时代美好生活生活观

生活观就其本义来讲，是指对生活的根本观点和看法，包含着对生活的实然性认知和应然性诉求。生活观体现着人的世界观、人生观、价值观，贯穿于人类社会的全过程，具有鲜明的社会性、历史性和具体性，是现实生活中不可回避的问题。马克思认为，现实生活是客观的、属人的生活，是衡量人们需要的尺度，是具体交互关系的综合。这对于在发展不平衡不充分的新时代背景下，如何认识新时代美好生活、如何创造新时代美好生活、如何享受新时代美好生活具有重要的现实和理论指导意义。

（一）以马克思主义生活观为指引

虽然马克思没有把生活观作为一个独立的范畴加以系统论述，但马克思主义理论源于生活，服务于生活，蕴含着关于生活的丰富思想。正是从现实生活出发，深入思考与探究现实生活中的贫困和痛苦，马克思发现"劳动异化"及"人的异化"的资本主义私有制根源，并提出共产主义"是人向自身、向社会的即合乎人性的人的复归"①，"在那里，每个人的自由发展则是一切人的自由发展的条件"②。可见，马克思从一开始的探索，就是为了创立一种能够帮助、引导人们正确认识并改造现实生活的新理论。基于这个认识，我们认为马克思关于现实生活的思想是马克思主义理论的"基石"，这些思想也全面展现着马克思主义生活观。

1. 个人需要融入共同体的需要

马克思指出，人是生活的主体，并把人"内在的尺度运用于对象"，"按照美的规律来构造"③现实生活。可见，现实生活是以人为中心展开的，是属人的生活。这种属人性不仅表现在人主观能动性的发挥，还表现在满足人的需要的价值追求。马克思认为，生活的真谛在于人的需要不断满足，这种满足不仅是对于个体，更是对于"类存在物"，因为只有共同体需要的满足才是推动生活向前发展的直接力量。由此也可知，新时代我国社会主要矛盾转变是现实生

---

① 马克思. 1844年经济学哲学手稿 [M]. 北京：人民出版社，2004：81.
② 马克思恩格斯全集：第16卷上 [M]. 北京：人民出版社，1979：57.
③ 马克思. 1844年经济学哲学手稿 [M]. 北京：人民出版社，2004：58.

活发展的必然，它体现着中国人民的共同需要，也决定了新时代美好生活必定是以人为本的，必定走全体人民共同富裕的道路，推进人的自由全面发展。

2. 需要以具体现实为尺度

马克思认为，现实生活状况规定着人的需要的内容范围、层次水平，同时人的需要的内容也体现着现实生活状况。马克思指出，"只要与生产方式相适应，相一致，就是正义的；只要与生产方式相矛盾，就是非正义的"，"我们的需要和享受是由社会产生的，因此，我们在衡量需要和享受时以社会为尺度，而不是以满足它们的物品为尺度的。因为我们的需要和享受具有社会性质，所以它们是相对的"①。同样，新时代人民美好生活需要应是符合并体现我国社会主义初级阶段的基本国情。也就是说，新时代美好生活需要是不能脱离中国特色社会主义现代化建设、民主法治化推进的进程。只有这样，我们的需要才能转化为合理诉求，才能不断得以满足，使得新时代美好生活不断向前发展。

3. 在交互关系中满足需要

马克思指出，人是社会生活中的人，人的本质"是一切社会关系的总和"②，并且"一个人的发展取决于和他直接或间接进行交往的其他一切人的发展"③，只有"在真正的共同体的条件下，各个人在自己的联合中并通过这种联合获得自己的自由"④。可见，人只有

---

① 马克思恩格斯选集：第1卷[M]. 北京：人民出版社，1995：352.
② 马克思恩格斯选集：第1卷[M]. 北京：人民出版社，1995：60.
③ 马克思. 1844年经济学哲学手稿[M]. 北京：人民出版社，2004：515.
④ 马克思恩格斯选集：第1卷[M]. 北京：人民出版社，1995：119.

在社会共同体中才能更好实现个体的发展。但生活中人与人、人与社会之间也存在着一定的矛盾。马克思认为，充满人文的、共享的生活是"人和自然之间、人和人之间矛盾的真正解决"①。这也告诉我们，人文共享的生活理念也是解决新时代人际关系的重要原则和有效手段。

马克思指出，在现实生活中"人对自身的关系只有通过他对他人的关系，才成为对他来说是对象性的、现实的关系"②，"个人怎样表现自己的生活，他们自己就是怎样"③，并且"个人的全面性不是想象的或设想的全面性，而是他的现实关系和观念关系的全面性"④。可见，人与自我的关系不仅是人和外部关系的反映，还是人的生活观念的反映。因此，新时代美好生活不仅要构建和谐的生活关系，还要重视引导人民树立正确的生活观念。

自然界是人类赖以生存和发展的基础。人源于自然界，并以实践为中介改造自然界，获取物质，满足自身需要。马克思指出，"人是自然界的一部分"⑤，"没有自然界，没有感性的外部世界，工人什么也不能创造"⑥。可见，现实生活过程也是人改造自然界并与之交互活动的过程。在这个过程中，人的实践不断使自在的自然界生成为人化的自然界，以致"自然界是人为了不致死亡而必须与之处于持续不断的交互作用过程的、人的身体"⑦，形成休戚与共的交互

---

① 马克思. 1844年经济学哲学手稿 [M]. 北京：人民出版社，2004：81.
② 马克思. 1844年经济学哲学手稿 [M]. 北京：人民出版社，2004：60.
③ 马克思恩格斯选集：第1卷 [M]. 北京：人民出版社，1995：67-68.
④ 马克思恩格斯全集：第46卷下 [M]. 北京：人民出版社，1980：36.
⑤ 马克思. 1844年经济学哲学手稿 [M]. 北京：人民出版社，2004：57.
⑥ 马克思. 1844年经济学哲学手稿 [M]. 北京：人民出版社，2004：53.
⑦ 马克思. 1844年经济学哲学手稿 [M]. 北京：人民出版社，2004：56.

关系。这也告诉我们,新时代美好生活建设必须遵循人与自然和谐共生的基本原则。

(二) 以社会主义核心价值观为主线

需要层次和结构的变化必然会在一定程度上引起价值体系与价值观的改变,但是两种改变并不同步,价值体系与价值观的改变往往落后于需要层次和结构的变化。同时,需要层次和结构的变化过程,容易带来对主流价值观的冲击,造成人的需要异化或扭曲,因此,培育新时代美好生活观必须要紧紧抓住社会主义核心价值观这根主线。

1. 切实融入社会生活

一种价值观要真正发挥作用,必须通过强化教育引导、舆论宣传、文化熏陶、实践养成、制度保障等,将其融入社会生活,让人们在实践中感知它、领悟它。把我们所提倡的与人们日常生活联系起来,融入各种精神文明创建活动之中,吸引群众广泛参与,培育文明新风尚,增强美好生活新风尚及社会氛围,培育和践行社会主义核心价值观。

2. 全民行动、干部带头,从家庭做起、从娃娃抓起

人民有信仰,国家有力量,民族有希望。要使社会主义核心价值观成为全体人民的共同价值追求,成为百姓生活需要的依据准则。培育和践行社会主义核心价值观,首先,党员干部要带头培育和践行,用自己的模范行为和生活追求感召群众、带动群众;其次,推进社会主义核心价值观与中华优秀文化融入家庭生活,重视家庭建

设，注重家庭、注重家教、注重家风；最后，培育和践行社会主义核心价值观与发扬光大中华民族传统家庭美德相结合，促进家庭和睦，促进邻里关系和谐，营造下一代健康成长和老年人老有所养的社会氛围，从家庭做起，培育新时代生活观。

3. 弘扬中华优秀传统文化

中华文明绵延数千年，创造了博大精深的中华优秀传统文化，有其独特的价值体系。中华优秀传统文化已经成为中华民族的文化基因，植根在中国人内心深处，潜移默化影响着中国人的思维方式和生活方式。利用好中华优秀传统文化蕴含的丰富的思想道德资源，深入挖掘中华优秀传统文化蕴含的思想观念、人文精神、道德规范，结合时代要求继承创新，推动中华传统文化创造性转化、创新性发展，让中华文化展现出永久魅力和时代风采，使其成为培育新时代生活观的重要源泉。

综上所述，培育新时代生活观对于我们在发展不平衡不充分的新时代背景下，如何认识新时代美好生活、如何创造新时代美好生活、如何享受新时代美好生活具有重要的现实和理论指导意义。同时，新时代我国社会主要矛盾的变化是关系全局的历史性变化，必然要求我们在思想观念上去适应这个历史性变化，也必然要求我们以马克思生活观为理论基础去构建新时代生活观，来更好引导人民日益增长的美好生活需要，更好增进人民的获得感、幸福感、安全感。

二、强化劳动价值意识

人民对美好生活向往就是人的主体性的充分而自由地发展和合

乎个性的多样性需求的充分满足，本质上是人民通过自己的辛勤劳动获得有尊严而体面的生活。所以，习近平总书记指出，幸福都是奋斗出来的。奋斗就是辛勤劳动，辛勤劳动其实质就是体现人的主体性和自为存在物属性。劳动创造幸福是实现美好生活的根本途径，通过辛勤劳动让人民获得幸福就是真正摆脱人作为自在存在物的属性，更加充分地、更加自由地、符合人性地实现人的自为存在物属性，真正实现人的自由而全面的发展和美好生活需要的价值目标。

（一）以劳动价值创造营造劳动风尚

马克思在《资本论》中指出，"任何一种不是天然存在的物质财富要素，总是必须通过某种专门的、使特殊的自然物质适合于特殊的人类需要的、有目的的生产活动创造出来。因此，劳动作为使用价值的创造者，作为有用劳动，是不以一切社会形式为转移的人类生存条件，是人和自然之间的物质变换即人类生活得以实现的永恒的自然必然性"[①]。无论是资本主义生产方式还是社会主义生产方式，劳动不仅是人类自身的创造过程，也是人类自身生存和发展所需一切资料的实现途径，更是实现人民群众对美好生活需要的必由之路。马克思曾指出，任何一个民族，如果停止劳动，不用说一年，就是几个星期，也要灭亡，这是每一个小孩子都知道的，这也是一切马克思主义的理论家和实践者不争的共识了。

人的劳动本来是要使人成为真正自为存在物、实现人的解放的最终目标的社会历史活动，因此，如果劳动不能使人成为主宰自己

---

① 马克思. 资本论：第1卷 [M]. 北京：人民出版社，2004：56.

命运和生命活动的时候，劳动的意义和价值就受到了制约与限制。马克思认为，"我的劳动是自由的生命表现，因此是生活的乐趣。……我在劳动中肯定了自己的个人生命，从而也就肯定了我的个性的特点。劳动是我真正的活动的财产"[1]。劳动首先是将个体与自然界联系起来的社会历史活动，它不仅使自然界有目的地为人类生存和发展服务，创造了自己的生活历史，创造人类的精神财富，而且还让人在劳动中得到了施展才华和自我价值的机会，让人在劳动中更加成熟、更加摆脱自在存在物的属性，向自为存在物——真正的社会历史主体转化。马克思指出，劳动"不仅创造了社会财富，创造了人类文明，还创造了人本身"，但"人们自己创造自己的历史，但是他们并不是随心所欲地创造，并不是在他们自己选定的条件下创造，而是在直接碰到的、既定的、从过去继承下来的条件下创造"[2]。

人们直接遇到的、既定的、从过去继承下来的条件就是他们所遇到的劳动关系条件和生产方式条件，因此，对劳动者的劳动修复应该包括更广泛的领域的物化劳动的修整、恢复、协调、平衡和再分配，还应该包括社会成员之间在时间和空间上的物化劳动的再分配，以保证劳动者创造力的充分释放和劳动成果的合理占有。这样才能保证劳动者的劳动受到应有尊重，劳动者之间的成果分配更加合理和公正，真正保证劳动是幸福的源泉，劳动者之间平等地享受劳动的成果。

---

[1] 马克思恩格斯全集：第42卷 [M]. 北京：人民出版社，1979：373-374.
[2] 马克思恩格斯文集：第2卷 [M]. 北京：人民出版社，2009：470.

对于社会和国家来说，要通过政府的制度设计与政策安排等社会性物化劳动修复和人文性制度，营造一个尊重劳动、保护劳动者的劳动权益和充分体现劳动者价值的良好氛围，创设和营造全体社会成员都崇尚劳动、热爱劳动、尊重劳动的社会氛围与社会风尚，以便培养劳动者的劳动自觉和劳动美德，既培养每一个社会成员具有良好的劳动觉悟和劳动理念，还要不断地提升每一个社会成员的劳动技能和财富创造能力，让每一个劳动者成为幸福的创造者和美好生活的享受者，以便更好地满足广大人民群众对美好生活的向往和需求。

（二）以敬重劳动塑造从业精神

敬重劳动就是要坚持劳动是价值创造源泉的原则，摒弃不劳而获、投机取巧的错误思想。无论是从个人还是从整个中华民族来说，新时代美好生活的实现，只能靠辛勤、合法、诚实的劳动，并在劳动中不断创新。只有这样，才能不断取得新时代生活的劳动成果和自我的发展。

敬重劳动就是要坚持对所从事劳动的敬畏和专注，即体现其中的"匠心"精神，这也是社会主义核心价值观"敬业"以及"诚信"价值准则在现实生活层面的要求。新时代美好生活是全面发展的生活，也是多样化的生活，必然产生不同行业的劳动，也必然存在"行行出状元"。只有坚持"术业有专攻"，消除浮躁、急功近利的劳动情绪，才会使自身的努力付出得到更好的回报，实现更大的劳动幸福。

敬重劳动就是要坚持社会主义的"义利观"，反对唯利是图，不讲职业道德的丑恶行径。因此，新时代的劳动思想是自觉抵制市场经济自身的负面消极因素和不良社会风气的影响。这就需要我们无论从事何种劳动、何种职业都应以敬重劳动的从业精神，不钻法律的空子，不悖社会主义的道德规范，秉持劳动价值创造的真谛，塑造新时代风清气正的从业环境，努力为我们新时代生活营造更为美好的外部环境和社会氛围。

马克思主义关于劳动创造美好生活的认识，对劳动的界定关系到如何实现美好生活，只有扬弃异化、合乎并趋近人的本质、指向大多数人的幸福的劳动才能为实现美好生活指明路径[①]。因此，社会要让劳动者在创造物质财富的过程中真正体验到价值创造的幸福和个人价值实现并确证的快乐，打击和谴责那种与劳动光荣、劳动创造价值不相符合的行为和现象，让不劳而获成为过街老鼠被人们所唾弃，让非法侵占他人劳动成果和物化劳动的现象在社会主义的蓝天下消逝与消失，还要让社会成员享受社会制度的关爱和帮助，真正保护和实现劳动创造价值与劳动创造幸福的美好愿望。

小结

美好生活的提出是党团结带领人民有效应对重大挑战、抵御重大风险、克服重大阻力、解决重大矛盾、解决我国一切问题的基础和关键，也是新时代中国共产党人的历史使命和神圣职责所在。创

---

① 武潇斐."美好生活"的构成要素、内在规定与创造路径：基于《1844年经济学哲学手稿》的释读[J].中共福建省委党校学报，2018，4（4）：19-24.

造美好生活需要先从认识和把握生活的本质入手,只有正确地认识世界,才能正确地改造世界。《共产党宣言》中明确指出,"无产阶级的运动是绝大多数人的,为绝大多数人谋利益的独立的运动"①。实现美好生活符合最广大人民群众的利益,是中国共产党革命和建设的出发点与落脚点,是中国共产党执政的目标和方向。美好生活把我国发展的阶段性特征和人民群众对美好生活的向往并列在一起,"充分体现了中国共产党以人民为中心的根本宗旨"与"中国共产党人的初心和使命"②。

人的历史活动是需要各种不同的劳动产品来维系和满足的,这就是我们前面所说的人民美好生活的多样性合理需求与劳动过程的多元性价值创造的完美结合,"要想得到与各种不同的需要量相适应的产品量,就要付出各种不同的和一定量的社会总劳动量。这种按一定比例分配社会劳动的必要性,绝不可能被社会生产的一定形式所取消,而可能改变的只是它的表现方式,这是不言而喻的。自然规律是根本不能取消的。在不同的历史条件下能够发生变化的,只是这些规律借以实现的形式"③。因此,新时代人民群众美好生活的实质就是通过满足人民群众美好生活合理性需要与引领人民群众美好生活需要合理之间的有机互动,激发活力、凝聚人心,推进中华民族的伟大复兴,增进人民群众的获得感、幸福感、安全感,促进人的全面发展、社会的全面进步。

---

① 马克思恩格斯选集:第1卷 [M].北京:人民出版社,1995:411.
② 李磊.习近平的美好生活观论析 [J].社会主义研究,2018,1(1):1-8.
③ 马克思恩格斯文集:第20卷 [M].北京:人民出版社,2009:289.

结　语

　　向往美好生活，是人类社会的普遍追求。纵观人类发展的历史，无论是东方还是西方，美好生活的向往和追求一直都是推动人类不断改造客观世界与主观世界的不竭动力。也正是因为历史上的美好生活向往与社会现实之间的不一致，所以"什么是美好生活"以及"怎样创造美好生活"才成为各个学科由来已久的研究论题。特别是过去两百多年，西方的各种经济学流派对此提出了层出不穷的学说，但其在如何以相对稀缺的有限资源满足人类相对无限的需求这道西方经济学的永恒命题上，迄今仍然面临许多深层挑战。从微观经济学看，诺贝尔经济学奖得主约瑟夫·斯蒂格利茨在其《经济学》一书中，曾就需要和需求提出过这样的观点：经济学家不仅关心人们需要什么，而且关心在他们的预算约束所给定的支出范围和各种商品的给定价格下，他们选择购买什么。这就意味着只有"预算约束"与"商品价格"实现统一，才能满足人们的需求，而超出这个约束条件的人们的需要，在经济学意义上是不能满足的。

　　19世纪40年代，马克思针对西方经济学鼻祖亚当·斯密的观点，在《1844年经济学哲学手稿》中写道：既然按照斯密的意见，大多数人遭受痛苦的社会是不幸福的,既然社会的最富裕的状态会造成大多数人的这种痛苦,而国民经济学(一般是私人利益占统治地位的社会)又会导致这种最富裕的状态,那么国民经济学的目的也就在于社会的不幸。马克思主义经典作家立足前人思想,以唯物史观揭示社会发展客观规律,一针见血地指出资本主义社会并不是理性的王国、幸福的乐园。"应当看到,工人和资本家同样苦恼,工人是为他的生存而苦恼,资本家则是为他的死钱财的赢利而苦恼"①,"工资的提高在工人身上激起资本家那样的发财欲望"②。在马克思看来,需要和价值的分裂表明的是现实生活的异化。马克思批判了这种异化,首先,他批判了经济人与道德人的对立,提出"道德用一种尺度,而国民经济学又用另一种尺度"。其次,他指出这种对立的根源在于"每一个领域都是人的一种特定的异化,每个领域都把异化的本质活动的特殊范围固定下来,并且每个领域都同另一种异化保持着异化的关系"③。

100多年前,十月革命一声炮响,给中国送来了马克思列宁主义。在马克思列宁主义同中国工人运动的结合过程中,1921年中国共产党应运而生。中国人民救亡图存、谋求民族独立和国家富强、人民幸福的斗争,从此在精神上由被动转为主动,生活追求变为现实。纵观我们党百年来的伟大征程,在艰苦卓绝的不懈探索中,一个朴素而伟大的真理,始终指引我们执着前行。这个真理就是永远把人民对美好生活的向往作为奋斗目标,紧紧依靠人民的力量和智

---

① 马克思. 1844年经济学哲学手稿 [M]. 北京:人民出版社,2004:9.
② 马克思. 1844年经济学哲学手稿 [M]. 北京:人民出版社,2004:11.
③ 马克思恩格斯选集:第1卷 [M]. 北京:人民出版社,1995:228.

慧，创造人民解放、国家富强和民族振兴的历史伟业。

2012年，习近平总书记和十八届中共中央政治局常委同中外记者见面时郑重指出，我们的人民热爱生活，期盼有更好的教育、更稳定的工作、更满意的收入、更可靠的社会保障、更高水平的医疗卫生服务、更舒适的居住条件、更优美的环境，期盼孩子们能成长得更好、工作得更好、生活得更好。人民对美好生活的向往，就是我们的奋斗目标。我们的责任，就是要团结带领全党全国各族人民，继续解放思想，坚持改革开放，不断解放和发展社会生产力，努力解决群众的生产生活困难，坚定不移走共同富裕的道路。之后的5年间，围绕人民对美好生活的向往，以习近平同志为核心的党中央深入贯彻以人民为中心的发展思想，紧紧依靠人民的力量，使6000多万贫困人口稳定脱贫，把贫困发生率从10.2%降到4%以下；使城镇新增就业年均1300万人以上，推动就业持续改善；使中西部和农村教育明显提升，教育事业获得全面发展；使城乡居民收入增速超过经济增速，中等收入群体持续扩大，基本建立覆盖城乡居民的社会保障体系，显著增强人民群众的获得感、幸福感、安全感。

在党的十九大上，习近平总书记指出，我国社会主要矛盾已转化为"人民日益增长的美好生活需要和不平衡不充分的发展之间的矛盾"。什么是新时代美好生活？这不仅是一个实践问题，同时也是一个重大理论问题，新时代美好生活是有关社会建设和民生发展的系统性问题，涉及经济、政治、文化、生态、民生等方方面面的发展。这些不同的发展领域彼此是交错、制约、协同的关系。当前，有一些人把"跟着感觉走"奉为时尚，唯美的东西、崇高的东西、神圣的东西、理想的东西弱化了，这导致人们美好生活找不到方向，看不到希望，拜金主义、物质主义、个人主义、消费主义流行。因此，思考如何使人们在物质生活与精神生活之间保持合理的张力，从而使我们的生活不仅满足吃喝住穿行等物质方面需求，而且能够满足文化、美、道德、民主、自由等精神方面需求，使人成为全面的人。因此，要提升新时代美好生活，必须要抓住"需要"这个马克思主义政治经济学的核心范畴。

新时代美好生活是人心所归、民心所向。今天的中华民族已全面建成小康社会，正向着第二个百年奋斗目标迈进、向着全体人民共同富裕奋进。中国人民对物质生活和精神生活都富裕的向往更加强烈，对生活需要满足的水平品质的要求更高更全面，这是凝聚了近代以来几代人的梦想与追求，也是当代人民群众最大的心声与愿望。在庆祝中国共产党成立一百周年大会上，习近平总书记庄重指出，"江山就是人民，人民就是江山，打江山，守江山，守的是人民的心"①。

新时代人民群众美好生活的实质就是通过满足人民群众美好生活合理性需要与引领人民群众美好生活需要合理之间的有机互动，激发活力、凝聚人心，推进中华民族的伟大复兴，增进人民群众的获得感、幸福感、安全感，促进社会和人的全面发展。因此，提升新时代美好生活要放在历史进程和时代背景中考量，有效满足人民的合理需要，引领人民需要的合理，在增进人民获得感、幸福感、安全感的同时，更好激发经济社会发展活力，奋力实现中华民族伟大复兴的中国梦！

---

① 习近平谈治国理政：第4卷［M］.北京：外文出版社，2022：9.

参考文献

（一）著作类

1. 习近平. 决胜全面建成小康社会 夺取新时代中国特色社会主义伟大胜利——在中国共产党第十九次全国代表大会上的报告[M]. 北京：人民出版社，2017.

2. 习近平谈治国理政：第1卷[M]. 北京：外文出版社，2014.

3. 习近平谈治国理政：第2卷[M]. 北京：外文出版社，2017.

4. 习近平谈治国理政：第3卷[M]. 北京：外文出版社，2020.

5. 习近平谈治国理政：第4卷[M]. 北京：外文出版社，2022.

6. 习近平关于社会主义社会建设论述摘编[M]. 北京：中央文献出版社，2017.

7. 中共中央关于党的百年奋斗重大成就和历史经验的决议[M]. 北京：人民出版社，2021.

8. 习近平. 摆脱贫困[M]. 福州：福建人民出版社，1992.

9. 马克思恩格斯选集：第1~3卷[M]. 北京：人民出版

社，1995.

10. 马克思恩格斯全集：第42卷［M］．北京：人民出版社，1979.

11. 列宁选集：第2卷［M］．北京：人民出版社，2012.

12. 1844年经济学哲学手稿［M］．北京：人民出版社，2004.

13. 列宁专题文集·论社会主义［M］．北京：人民出版社，2009.

14. 列宁全集：第38卷［M］．北京：人民出版社，1984.

15. 毛泽东选集：第1~4卷［M］．北京：人民出版社，1990.

16. 邓小平文选：第1~3卷［M］．北京：人民出版社，2009.

17. 苏星．新中国经济史［M］．北京：中共中央党校出版社，1999.

18. 杨秋宝．2020：中国消除农村贫困［M］．北京：人民出版社，2017.

19. 杨秋宝．全面建设小康社会论［M］．西安：陕西人民出版社，2002.

20. 杨秋宝．物质文明建设论［M］．南昌：江西高校出版社，2003.

21. 杨秋宝．区域经济与发展战略［M］．北京：党建读物出版社，1999.

22. 廖小琴，廖小明．重构人的精神生活［M］．北京：中央编译出版社，2015.

23. 费正清，麦克法夸尔．剑桥中华人民共和国史1949—1965

[M]. 王建朗, 译. 上海: 上海人民出版社, 1990.

24. 多亚尔, 高夫. 人的需要理论 [M]. 汪淳波, 等译. 北京: 商务印书馆, 2008.

25. 亚当·斯密. 谢宗林、国富论 [M]. 李华夏, 等译. 北京: 中央编译出版社, 2013.

26. 乔治·瓦利恩特. 精神的进化: 美好生活的构成 [M]. 周琼, 译. 上海: 华东师范大学出版社, 2018.

27. 亚伯拉罕·马斯洛. 需要与成长: 存在心理学探索 [M]. 张晓玲, 刘勇军, 译. 重庆: 重庆出版社, 2018.

28. 亚伯拉罕·马斯洛. 人性能达到的境界 [M]. 张晓玲, 刘勇军, 译. 北京: 世界图书出版社, 2014.

(二) 文章类

1. 习近平. 人民对美好生活的向往, 就是我们的奋斗目标 [N]. 人民日报, 2012-11-16 (1).

2. 习近平. 中国发展新起点, 全球增长新蓝图 [N]. 人民日报, 2016-09-04 (1).

3. 习近平. 共谋绿色生活, 共建美丽家园: 在二〇一九年中国北京世界园艺博览会开幕式上的讲话 [N]. 人民日报, 2019-04-29 (1).

4. 国家主席习近平发表二〇一八年新年贺词 [N]. 人民日报, 2018-01-01 (1).

5. 习近平. 在庆祝"五一"国际劳动节暨表彰全国劳动模范和

先进工作者大会上的讲话[N].人民日报,2015-04-29(2).

6. 习近平.决胜全面建成小康社会 夺取新时代中国特色社会主义伟大胜利[N].人民日报,2017-10-28(1).

7. 习近平.在华盛顿州当地政府和美国友好团体联合欢迎宴会上的演讲[N].人民日报,2015-09-24(2).

8. 李磊.习近平的美好生活观论析[J].社会主义研究,2018(1).

9. 谢加书.美好生活建设的中国道路[J].马克思主义研究,2017(10).

10. 魏传光."美好生活"观念演进之40年[J].云南社会科学,2018(6).

11. 俞光华,黄瑞雄.论新时代人民幸福思想的内在逻辑[J].中国特色社会主义研究,2018(3).

12. 张三元.论美好生活的价值逻辑与实践指引[J].马克思主义研究,2018(5).

13. 沈湘平,刘志洪.正确理解和引导人民的美好生活需要[J].马克思主义研究,2018(8).

14. 袁祖社."万象共生"并"美美与共":"发展价值观"的嬗变与"美好生活"的实践逻辑[J].河北学刊,2017(1).

15. 沈斐."美好生活"与"共同富裕"的新时代内涵:基于西方民主社会主义经验教训的分析[J].毛泽东邓小平理论研究,2018(1).

16. 马拥军.马克思主义视野中需要升级与价值转型[J].东南

学术，2019（3）．

17．夏兆敢，舒红跃．公平、效率与人的需要［J］．理论月刊，2000（8）．

18．何星亮．满足人民日益增长的美好生活需要［J］．人民论坛，2017（2）．

19．李盼杰，曾文婷．论社会主义与美好生活［J］．甘肃理论学刊，2018（6）．

20．谢加书．美好生活建设的中国道路［J］．马克思主义研究，2017（10）．

21．赵建波，解超．新时代"美好生活"的价值期许与实践逻辑［J］．青海社会科学，2017（6）．

22．强以华．论人的美好生活［J］．华中师范大学学报（人文社会科学版），2019（2）．

23．李志．中国式美好生活的哲学解读［J］．吉林大学社会科学学报，2018（6）．

24．张彦，郗凤芹．论新时代美好生活的选择悖论及其超越［J］．思想教育理论，2018（6）．

25．曾琰．美好生活构建中需要的规范性问题及其破解：以历史唯物主义"需要"的规范性生成为依据［J］．宁夏社会科学，2018（6）．

26．唐魁玉．创造美好生活应从寻找生活真相开始［J］．哈尔滨工业大学学报（社会科学版），2017（6）．

27．李建华．如何理解美好生活需要［J］．中国地质大学学报

（社会科学版），2017（6）.

28. 潘丽文，万欣荣. 新时代"美好生活"话语的生成逻辑及其实质意蕴［J］. 江西财经大学学报，2019（1）.

29. 王雅林. 为创造人民美好生活的伟大实践提供理论滋养［J］. 哈尔滨工业大学学报（社会科学版），2017（6）.

30. 邵广侠. 道德教育要引导人过上美好生活［J］. 云南社会科学，2005（3）.

31. 寇东亮. "美好生活"的自由逻辑［J］. 伦理学研究，2018（3）.

32. 虞程盛. 论习近平人民美好生活思想［J］. 探求，2017（6）.

33. 董辉，袁祖社. "美好生活"的理想及其生存论人学逻辑：马克思发展价值观实践变革的实质［J］. 中国高校社会科学，2019（1）.

34. 闫方洁. "中国梦"与"美好生活"：现代性语境下主流意识形态话语体系的创新［J］. 马克思主义与现实，2018（3）.

35. 翟绍果，谌基东. 共建美好生活的时代蕴意、内涵特质与实现路径［J］. 西北大学学报（哲学社会科学版），2017（6）.

36. 季正聚，许可. 我国社会主要矛盾的变化与全面深化改革的纵深推进［J］. 中共中央党校学报，2018（2）.

37. 杨文选. 德尼·古莱的"美好生活"观及对我们的启示［J］. 未来与发展，2010（11）.

（三）资料类

1.《中共中央关于坚持和完善中国特色社会主义制度、推进国家治理体系和治理能力现代化若干重大问题的决定》辅导读本[M]. 北京：人民出版社，2019.

2. 十六大以来重要文献选编：上中下[M]. 北京：中央文献出版社，2006.

3. 十八大以来重要文献选编：上下[M]. 北京：中央文献出版社，2014.

4. 荣孟源，中国近百年革命史略[M]. 上海：上海三联书店，1954.

5. 国家统计局网站：http://www.stats.gov.cn/.

6. 中国年鉴网站：http://www.yearbook.cn:20000/.

后 记

本书是笔者在博士后出站报告基础上修订而成。回顾博士后期间在中央党校经济学部的学习、工作和生活，有努力，也有蹉跎，有茫然，也有收获。出站之后，更加体会到学无止境，心中更多的是惶恐。我深知自己在马克思主义政治经济学研究领域还仅仅是一个初学者，这篇出站报告算是对自己在站研究的一个总结和检验，更是对自己今后进行更深入研究的一个激励。

在站期间，无论在学术研究方面，还是在工作生活方面，博士后合作导师都给予了我诸多的指导与帮助。特别是合作导师严谨的治学态度，深深影响着我对学术研究的认知。每每想起这些，我都感到诚惶诚恐，深感自己微不足道的努力和成绩愧对导师的无私付出。在出站报告撰写的过程中，中央党校经济学院的很多老师以及合作导师的博士生们也给予很多的指导和帮助。在此，向他们致以深深的谢意！同时，也感谢我的家人为我的默默付出，伴我度过人生中一个重要的阶段，帮我开启人生一个新的征程！

"政治经济学视角下新时代美好生活研究"一书成稿后，有幸获批列入《光明社科文库》推荐出版项目，给予了本书面世的机会。同时，本书的出版得到河北省高等学校人文社会科学重点研究基地、河北农业大学马克思主义学院的大力支持，在此向支持帮助本书出版的领导、师友们致以诚挚的谢意！本书的一些研究成果，还存有较大的提升空间，也恳请广大专家、学者批评指正，并希望抛砖引玉，共同推动新时代美好生活研究的深入，更好地服务于党和人民的事业需要。

杨建国

2022 年 7 月 25 日于河北农业大学